鋼構造柱脚
設計施工ガイドブック

AIJ Design and Fabrication Guide for Steel Column Bases

2017

日本建築学会

本書のご利用にあたって
本書は，作成時点での最新の学術的知見をもとに，技術者の判断に資する技術の考え方や可能性を示したものであり，法令等の補完や根拠を示すものではありません．また，本書の数値は推奨値であり，それを満足しないことが直ちに建築物の安全性を脅かすものでもありません．ご利用に際しては，本書が最新版であることをご確認ください．本会は，本書に起因する損害に対しては一切の責任を有しません．

ご案内
本書の著作権・出版権は(一社)日本建築学会にあります．本書より著書・論文等への引用・転載にあたっては必ず本会の許諾を得てください．
Ⓡ〈学術著作権協会委託出版物〉
本書の無断複写は，著作権法上での例外を除き禁じられています．本書を複写される場合は，学術著作権協会（03-3475-5618）の許諾を受けてください．

一般社団法人　日本建築学会

序

　鋼構造建築物における接合部は構造性能を左右する主要な部位であり，適切な設計と施工が重要である．本会では，2001年に接合部全体を対象とした「鋼構造接合部設計指針」を刊行し，その後，改定を重ねて2012年に第3版が刊行され，接合部が保有すべき性能と設計法を提示してきた．ここでは接合部として，継手・柱梁接合部・柱梁接合部パネル・ブレース端接合部・柱脚のそれぞれについて，設計に関する内容が示されている．これらの接合部のなかで，柱脚はこれまでの震災による被害報告が特に多い部位である．また，柱脚は鋼とコンクリートが一体となる部位であり，多様なディテールがあるため，円滑に応力を伝達させる設計および施工において高い技術が必要である．

　本会から初めて鋼構造建築物の柱脚として系統的に設計法がまとめられたのは，1990年に刊行された「鋼管構造設計施工指針（第2版）」である．ここでは，柱脚形式を露出柱脚・根巻き柱脚・埋込み柱脚とに分けて定義されている．この指針で示された設計の考え方が「鋼構造限界状態設計指針・同解説」，「鋼構造接合部設計指針」，「鋼構造設計規準—許容応力度設計法—」へ引き継がれている．一方，柱脚施工については，「建築工事標準仕様書　JASS6　鉄骨工事」の10節の工事現場施工の定着・建方・建方精度に関連する内容が示されており，これらを解説する内容が「鉄骨工事技術指針・工事現場施工編」に示されているが，これらでは柱脚形式別に分けた内容が示されていない．また，「鋼構造接合部設計指針」の他に，代表的な2種類の接合法に対象を特化した「高力ボルト接合設計施工ガイドブック」および「溶接接合設計施工ガイドブック」が本会から刊行されており，設計と施工を併せて分かりやすく解説したガイドブックとして実務で広く活用されている．

　以上のような背景から，対象を鋼構造建築物における柱脚に特化して力学挙動と設計法の関わりを解説し，併せて施工上の留意点を解説する本書を刊行するものである．柱脚に関する実務の設計・施工では，それぞれ個別に生じる問題に対して経験的に解決している事例も多く，本書にはこのような場合に参考となる内容が含まれている．また，本書は実務の専門家に向けた内容を示しているとともに，経験の浅い技術者に向けた導入書となることも目指してまとめられている．

　本ガイドブックが，鋼構造建築物における柱脚の設計・施工に関する技術の普及と品質向上に役立つことを期待する．

2017年2月

日本建築学会

本書作成関係委員
―― 五十音順・敬称略 ――

構造委員会
委 員 長 　 緑 川 光 正
幹 　 事 　 加 藤 研 一 　 塩 原 　 等 　 竹 脇 　 出
委 　 員 　 （略）

鋼構造運営委員会
主 　 査 　 多 田 元 英
幹 　 事 　 井 戸 田 秀 樹 　 宇 佐 美 　 徹
委 　 員 　 五 十 嵐 規 矩 夫 　 一 戸 康 生 　 岡 崎 太 一 郎 　 岡 本 哲 美
　　　　　 越 智 健 之 　 笠 井 和 彦 　 兼 光 知 巳 　 木 村 祥 裕
　　　　　 向 野 聡 彦 　 澤 本 佳 和 　 下 川 弘 海 　 田 川 泰 久
　　　　　 竹 内 　 徹 　 田 中 　 剛 　 津 田 惠 吾 　 寺 田 岳 彦
　　　　　 中 込 忠 男 　 成 原 弘 之 　 西 山 　 功 　 原 田 幸 博
　　　　　 平 島 岳 夫 　 増 田 浩 志 　 緑 川 光 正 　 見 波 　 進

鋼構造接合小委員会
主 　 査 　 増 田 浩 志
幹 　 事 　 桑 原 　 進
委 　 員 　 清 成 　 心 　 佐 藤 篤 司 　 軸 丸 久 司 　 鈴 木 直 幹
　　　　　 田 中 　 剛 　 福 田 浩 司 　 藤 田 哲 也 　 松 本 由 香
　　　　　 山 田 　 哲

鋼構造柱脚ワーキンググループ
主 　 査 　 増 田 浩 志
幹 　 事 　 清 成 　 心
委 　 員 　 浅 田 勇 人 　 吉 敷 祥 一 　 桑 原 　 進 　 軸 丸 久 司
　　　　　 田 中 　 剛 　 田 村 龍 治 　 寺 田 岳 彦 　 古 谷 一 美
　　　　　 山 田 　 哲
協 力 委 員 　 石 田 孝 徳

原案執筆担当

1章　鋼構造の柱脚の基本　　　　　　　　　　　　　　　　　　　増　田　浩　志

2章　設　　計
　　2.1　露出柱脚の設計　　　　　　　　　吉　敷　祥　一　　古　谷　一　美
　　　　　　　　　　　　　　　　　　　　　増　田　浩　志　　石　田　孝　徳
　　2.2　根巻き柱脚の設計　　　　　　　　浅　田　勇　人　　軸　丸　久　司
　　2.3　埋込み柱脚の設計　　　　　　　　田　中　　　剛　　清　成　　　心

3章　施　　工
　　3.1　アンカーボルトを用いた柱脚の施工　田　村　龍　治　　清　成　　　心
　　　　　　　　　　　　　　　　　　　　　　　　　　　　　　増　田　浩　志
　　3.2　露出柱脚の施工　　　　　　　　　田　村　龍　治　　清　成　　　心
　　　　　　　　　　　　　　　　　　　　　　　　　　　　　　増　田　浩　志
　　3.3　根巻き柱脚の施工　　　　　　　　　　　　　　　　　　軸　丸　久　司
　　3.4　埋込み柱脚の施工　　　　　　　　　　　　　　　　　　寺　田　岳　彦

4章　柱脚の地震被害　　　　　　　　　　　　　　　　　　　　　山　田　　　哲

付1．アンカーボルトセット規格　　　　　　　　　　　　　　　　清　成　　　心
付2．露出柱脚における許容応力度の検討例　　　　　　　　　　　増　田　浩　志

目 次

1章 鋼構造の柱脚の基本
- 1.1 はじめに ……………………………………………………………………… 1
- 1.2 柱脚形式と特徴 ………………………………………………………………… 2
- 1.3 柱脚設計の考え方 ……………………………………………………………… 5
- 1.4 柱軸力の影響 …………………………………………………………………… 6
- 1.5 柱脚施工の考え方 ……………………………………………………………… 7

2章 設 計
- 2.1 露出柱脚の設計 ………………………………………………………………… 9
  - 2.1.1 設計の基本 ………………………………………………………………… 9
  - 2.1.2 剛 性 ……………………………………………………………………… 19
  - 2.1.3 耐 力 ……………………………………………………………………… 21
  - 2.1.4 設 計 例 …………………………………………………………………… 31
- 2.2 根巻き柱脚の設計 ……………………………………………………………… 38
  - 2.2.1 設計の基本 ………………………………………………………………… 38
  - 2.2.2 曲げ剛性 …………………………………………………………………… 41
  - 2.2.3 耐 力 ……………………………………………………………………… 42
  - 2.2.4 設 計 例 …………………………………………………………………… 45
- 2.3 埋込み柱脚の設計 ……………………………………………………………… 48
  - 2.3.1 設計の基本 ………………………………………………………………… 48
  - 2.3.2 剛 性 ……………………………………………………………………… 50
  - 2.3.3 耐 力 ……………………………………………………………………… 50
  - 2.3.4 設 計 例 …………………………………………………………………… 57

3章 施 工
- 3.1 アンカーボルトを用いた柱脚の施工 ………………………………………… 63
  - 3.1.1 アンカーボルトの据付け保持 …………………………………………… 63
  - 3.1.2 ベースモルタルの施工 …………………………………………………… 64
- 3.2 露出柱脚の施工 ………………………………………………………………… 65
  - 3.2.1 露出柱脚施工の特徴 ……………………………………………………… 65
  - 3.2.2 露出柱脚施工の手順と解説 ……………………………………………… 66
  - 3.2.3 施工に配慮した露出柱脚設計上の留意点 ……………………………… 78

 3.3 根巻き柱脚の施工 …………………………………………………………… 79
  3.3.1 根巻き柱脚施工の特徴 ……………………………………………… 79
  3.3.2 根巻き柱脚施工の手順と解説 ……………………………………… 80
  3.3.3 施工に配慮した根巻き柱脚設計上の留意点 ……………………… 84
 3.4 埋込み柱脚の施工 …………………………………………………………… 85
  3.4.1 埋込み柱脚施工の特徴 ……………………………………………… 85
  3.4.2 埋込み柱脚施工の手順と解説 ……………………………………… 85
  3.4.3 施工に配慮した埋込み柱脚設計上の留意点 ……………………… 90

4章　柱脚の地震被害

 4.1 はじめに ……………………………………………………………………… 93
 4.2 露出柱脚の被害例 …………………………………………………………… 93
 4.3 根巻き柱脚・埋込み柱脚の被害例 ………………………………………… 96
 4.4 置屋根定着部の被害例 ……………………………………………………… 96
 4.5 施工・管理の不具合事例 …………………………………………………… 98
 4.6 地震被害を受けた柱脚の補修 ……………………………………………… 100

付　　　録

 付1．アンカーボルトセット規格 ………………………………………………… 103
 付2．露出柱脚における許容応力度の検討例 …………………………………… 108

鋼構造柱脚設計施工ガイドブック

1章　鋼構造の柱脚の基本

1.1　はじめに

　鋼構造建築物の柱脚は，構造的に極めて重要な部位であり，設計上も施工上も十分な配慮が必要となる．柱を部材と定義し，柱脚を接合部と定義する場合，接合部としての「柱脚」がどの範囲であるかを明確に区別することは難しい．「柱頭」，「柱脚」と言えば，一般的には柱部材の上の部分と柱部材の下の部分を意味することになるが，本ガイドブックで対象とする「接合部」としての「柱脚」は，鋼柱部材のみの部分より下の部分と定義している．現在，一般的な柱脚として，図1.1に示す露出柱脚，根巻き柱脚，埋込み柱脚の3種類の形式がある．露出柱脚ではベースプレートより下の部分，根巻き柱脚では根巻きコンクリート上端より下の部分，埋込み柱脚では基礎コンクリート上端より下の部分を柱脚としている．また，「柱脚」に鋼柱部材の下端部分を含めて「柱脚部」と定義する．それぞれの柱脚形式に応じた力学性状と設計については2章に示し，施工については3章に示している．また，柱脚の地震被害について4章で紹介している．本会の【接合部指針】は接合部に特化した指針であり，ここでは柱脚の設計に関する内容が詳述されている．一方，

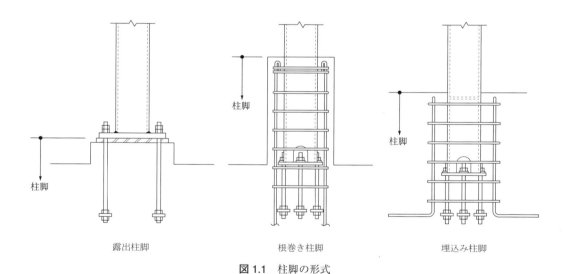

図1.1　柱脚の形式

［注］本書では、本会指針類の引用に次の略称を使用している．
【S規準】鋼構造設計規準―許容応力度設計法―，【接合部指針】鋼構造接合部設計指針，【合成指針】各種合成構造設計指針・同解説，【塑性指針】鋼構造塑性設計指針，【LSD指針】鋼構造限界状態設計指針・同解説，【JASS 6】建築工事標準仕様書JASS 6 鉄骨工事，【技術指針・現場】鉄骨工事技術指針・工事現場施工編，【RC規準】鉄筋コンクリート構造計算規準・同解説，【RC靱性指針】鉄筋コンクリート造建物の靱性保証型耐震設計指針・同解説

柱脚の施工に関しては，本会の【技術指針・現場】の「建方」の中で「アンカーボルトの施工」，「ベースモルタルの施工」のみが解説されている．柱脚設計の考え方と柱脚施工上の留意点は密接に関係することから，本ガイドブックは柱脚施工に関する内容を充実させ，設計と施工を合わせて実務に役立つ内容をまとめたものである．本会の【S規準】【LSD指針】では，それぞれの設計体系の中で用いる柱脚設計に関する内容が示されている．

1.2 柱脚形式と特徴

本章では，3つの柱脚形式を並べて柱脚の特徴を解説する．柱脚の力学的基本性能を表す代表的な指標は，剛性・降伏曲げ耐力・降伏せん断耐力・降伏軸方向耐力・最大曲げ耐力・最大せん断耐力・最大軸方向耐力・終局状態（破壊性状）・履歴性状である．

柱脚の性能指標として，まず剛性が重要である．図1.2に各柱脚形式の剛性評価モデルと耐力評価位置を示す．露出柱脚は一般に半固定であるが，ディテールの工夫によってピンに近い低い剛性から固定と見なせる高い剛性まで，さまざまに設計することが可能である．根巻き柱脚は，根巻き鉄筋コンクリートを含めない鋼柱のみを想定した固定と考えられており，埋込み柱脚は固定と考えられている．骨組モデルを検討する際の剛性の評価位置は，露出柱脚および根巻き柱脚ではベースプレート下面位置であり，埋込み柱脚では基礎コンクリート上端から$1.5D_c$（D_c：柱せい）下がった位置である．

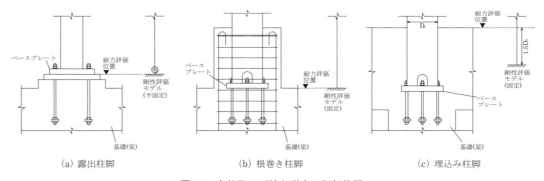

図1.2 各柱脚の剛性と耐力の評価位置

図1.3に各柱脚形式について代表的な終局状態を示す．終局状態で見ると，柱脚部に塑性変形能力が期待できる望ましい終局状態（図1.3の〇）がある．まず，鋼柱に塑性ヒンジを生じさせる終局状態〔図1.3 a-1，b-1，c-1〕が露出柱脚・根巻き柱脚・埋込み柱脚のそれぞれにある．これらを「柱ヒンジ型」と定義する．また，柱脚に塑性変形能力が期待できる終局状態があり，これらを「柱脚ヒンジ型」と定義する．柱脚ヒンジ型の望ましい終局状態〔図1.3 a-2，b-2〕としては，露出柱脚ではアンカーボルト軸部降伏があり，根巻き柱脚では根巻き鉄筋コンクリートの曲げ降伏がある．一方，変形能力が乏しく避けるべき終局状態（図1.3の×）として，露出柱脚ではアンカーボルトねじ部の早期の破断，基礎コンクリートのコーン状破壊・定着部の支圧は破壊・側方破壊な

どがある．根巻き柱脚では根巻きコンクリートのせん断破壊および支圧破壊などがあり，埋込み柱脚では基礎コンクリートのパンチングシヤー破壊などがある．全体として見ると，柱脚の終局状態として，コンクリートの破壊を防ぎ，アンカーボルトの破断が生じないように留意して設計すればよいことになる．

なお，柱ヒンジ型と柱脚ヒンジ型の中間的な終局状態として，鋼柱・柱脚の両者に塑性ヒンジを生じる場合（柱・柱脚混合降伏型）もある．本ガイドブックでは，柱・柱脚混合降伏型についても，柱脚の塑性変形能力を確保する設計を行うことから，柱脚ヒンジ型の一部として扱う．

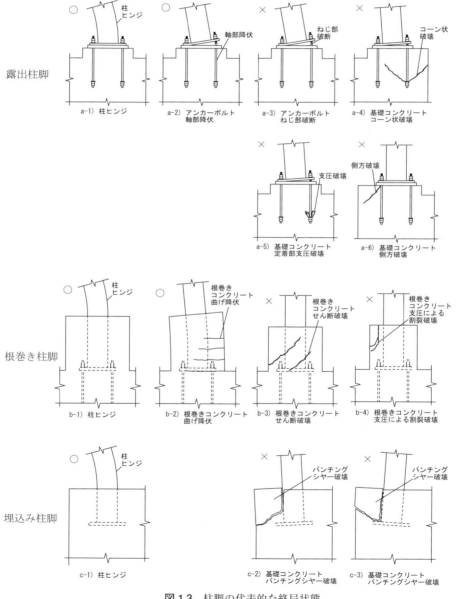

図 1.3　柱脚の代表的な終局状態

表 1.1　柱脚形式と特徴

	露出柱脚	根巻き柱脚	埋込み柱脚
剛性評価モデル	ピン～半固定	固定	固定
剛性評価位置	ベースプレート下面	基礎コンクリート上端	基礎コンクリート上端から $1.5 D_c$ 下の位置（D_c：柱せい）
耐力評価位置	ベースプレート下面	基礎コンクリート上端	基礎コンクリート上端
降伏曲げ耐力	アンカーボルトねじ部断面を鉄筋としてRC柱と見なした降伏曲げ耐力	根巻きコンクリートの降伏曲げ耐力	基礎コンクリートの支圧応力分布を三角形分布とした降伏曲げ耐力
最大曲げ耐力	アンカーボルトねじ部破断耐力または軸部降伏耐力に基づく最大曲げ耐力	根巻きコンクリートの最大曲げ耐力	基礎コンクリートの支圧応力分布を矩形分布とした最大曲げ耐力
履歴性状	スリップ型～紡錘型	スリップ型と紡錘型の中間	紡錘型
施工	・アンカーボルトとベースプレート孔の位置に精度が要求される ・基礎の大きさが他形式に比べて小さい	・根巻きコンクリート主筋の曲げ加工およびコンクリートの充填に配慮が必要である ・柱下部サイズが根巻きにより大きい ・根巻きコンクリートで鋼柱が保護される	・側柱・隅柱のパンチンシヤー破壊を防ぐ必要がある ・コンクリート打設が2回となり，工期が必要である ・基礎梁主筋等と鋼柱の取合いに留意が必要である

表 1.1 に柱脚形式と特徴を示す．表には，施工に関する項目を加えている．以下，各柱脚形式における設計と施工について解説する．

（1）露出柱脚

　柱脚の形式として最も事例が多いのは露出柱脚である．露出柱脚は一般に半固定であり，アンカーボルト本数など，ディテールに応じて剛性の値は変動する．柱ヒンジ型とする場合は，柱脚の最大耐力を確保するために数多くのアンカーボルトを配置することや，高強度のアンカーボルトを使用するなどの対応が必要となる．アンカーボルトの耐力が大きくなるため，これに応じたベースプレートの剛性と耐力も必要になる．また，耐力を確保するため，基礎コンクリートが大きくなる傾向がある．柱ヒンジ型の場合の柱脚部の履歴性状は，紡錘型を示す．一方，柱脚ヒンジ型とする場合は，伸び能力を有するアンカーボルトを使用しなければならない．柱脚ヒンジ型とする柱脚では，柱ヒンジ型とする場合に比べて剛性は低いが，設計によって剛性の大きさを自由に調整できることが長所である．ベースプレートの下にナットを設けない場合，露出柱脚の履歴性状がスリップ型となるため，完全弾塑性型に比べてエネルギー吸収量が小さくなる．通常，この影響は構造特性係数 D_s を割り増すことによって対応が行われている〔2章 2.1.1 (3) 柱脚の崩壊機構と設計を参照〕．柱脚ヒンジ型とする場合，柱ヒンジ型とする場合に比べて基礎コンクリートを小さくすることができる．小規模建築などでピンのような低い剛性とする場合の大きなメリットは，基礎コンクリートがコンパクトになる点である．ただし，ピンのような低い剛性となるディテールの場合でも，せん

断力だけを想定するのではなく，実際に生じる曲げモーメントに対して適切な柱脚および基礎・基礎梁の設計が必要となる．ピンのような低い剛性となる柱脚では回転能力が要求されるので，伸び能力を有するアンカーボルトを採用する必要がある．また，露出柱脚の場合，現場施工の建方でアンカーボルトとベースプレートのボルト孔の位置を合わせる施工に高い精度が要求される．

（2）根巻き柱脚

根巻き柱脚は露出柱脚に比べて剛性を高くすることが可能であるが，柱の下部が根巻きコンクリートによって太くなる点が短所であり，意匠面から避けられる要因となっている．しかし，この点を許容すれば根巻きコンクリートを施工することによって容易に大きな剛性と耐力を得られる柱脚形式といえる．工場・倉庫・駐車場などではこの点に問題が少なく，根巻きコンクリートが鋼柱自身を衝突などから守る働きをするので適した柱脚形式であり，これまでの実績も多い．根巻き柱脚で「柱ヒンジ型」として設計する場合，耐力を確保するため根巻きコンクリートはかなり大きくなる．したがって，現実的には，根巻き柱脚では「柱脚ヒンジ型」として設計することが一般的となっている．「柱脚ヒンジ型」の根巻き柱脚の履歴性状は，鉄筋コンクリート柱と同様にスリップ型と紡錘型の中間のような挙動を示す．「柱脚ヒンジ型」の根巻き柱脚の履歴性状は，紡錘型の挙動を示す．根巻き柱脚のアンカーボルトとして，耐力を期待する場合は構造用アンカーボルトが用いられ，耐力を期待しない場合は建方用アンカーボルトが用いられる．根巻き鉄筋コンクリート部の施工では鋼柱の建方に伴うスペースを確保するため，一般に主筋の曲げ加工を行う場合が多く，曲げ加工による塑性化によって性能低下が生じることを認識しておく必要がある．また，根巻き鉄筋コンクリート部では鉄筋が密に配置されるので，適切にコンクリートが充填されるように配慮が必要である．

（3）埋込み柱脚

埋込み柱脚は，柱脚をしっかり固定させたいときに採用される．柱脚の剛性が大きく，安定した耐力を確保しやすい．また，柱に塑性ヒンジが生じるように設計された埋込み柱脚の履歴性状は，紡錘型の挙動を示す．しかし，側柱・隅柱では鋼柱から支圧力を受ける基礎コンクリートの必要幅（はしあき）を十分大きくすることが難しいことから，図1.3のようなパンチングシヤー破壊や側方破壊が生じやすい．この場合の対策として，支圧力に抵抗するU字型の鉄筋などの補強が必須となる．埋込み柱脚の設計の際には，基礎梁主筋端部の位置が鋼柱と重なるため，取合いに対策が必要である．基礎梁の端部を拡幅させて主筋を鋼柱を避けて脇に斜めに配置する方法と，鋼柱に水平スチフナを設けてこれに主筋を溶接する方法などがあるが，これらにはかなりの手間を要し，特に配慮が必要である．また，コンクリート施工に関して，ベースプレート下で一度コンクリートを打設して鋼柱を設置し，その後に基礎コンクリート上端まで打設するため，コンクリート打設が2回となり，工期が長くなることが他の形式に比べて不利な点である．埋込み柱脚のアンカーボルトは主として建方用であるため，建方用アンカーボルトが用いられる．

1.3 柱脚設計の考え方

露出柱脚，根巻き柱脚，埋込み柱脚いずれの形式においても，最下層鋼柱下部に生じる軸方向力，

せん断力，曲げモーメントを接合する基礎に確実に伝達することが基本である．柱脚設計として，終局状態に塑性化させる部分として，前述したように下記の2種類の考え方がある．

1) 鋼柱下部を塑性化させる「柱ヒンジ型」〔図 1.3 a-1，b-1，c-1〕
2) 柱脚を塑性化させる　　「柱脚ヒンジ型」〔図 1.3 a-2，b-2〕

鋼柱下部を塑性化させる柱ヒンジ型の場合は，下記の(1.1)式の条件を満足するように設計する．柱脚の最大曲げ耐力が柱の全塑性モーメントのα倍以上であることを確認する．αは接合部係数であり，一般に1.3〜1.5程度の値である．この条件を満たす接合を，建築基準法に関連する文献1.1)では保有耐力接合と呼んでいる．なお，鋼柱，柱脚いずれの耐力も軸力の影響を受ける．側柱，隅柱については軸力が変動するが，軸力変動の影響が大きく現れると，この条件を満たしている場合においても柱脚に塑性ヒンジが発生する可能性がある．したがって，柱ヒンジ型の柱脚を設計する場合には，柱軸力の変動を考慮した値を採用する必要がある．

$$M_u \geq \alpha \cdot {_cM_{pc}} \tag{1.1}$$

記号
M_u：柱脚の最大曲げ耐力
${_cM_{pc}}$：柱の全塑性モーメント
α：柱脚の接合部係数

柱脚を塑性化させる柱脚ヒンジの場合は，各形式で以下の設計となる．露出柱脚では，アンカーボルト軸部の降伏〔図 1.3 a-2〕が柱の降伏に先行するように設計する．この場合，軸部の降伏が保証されたアンカーボルトを採用する．また，基礎コンクリートのコーン状破壊〔図 1.3 a-4〕，定着部支圧破壊〔図 1.3 a-5〕，側方破壊〔図 1.3 a-6〕などの破壊が生じないように設計する．根巻き柱脚では，根巻きコンクリート部の主筋の降伏〔図 1.3 b-2〕が鋼柱降伏に先行するように設計することが一般的である．根巻きコンクリートのせん断破壊〔図 1.3 b-3〕，支圧による根巻きコンクリートの割裂破壊〔図 1.3 b-4〕などの破壊が生じないように設計する．

柱脚の設計では，一般に二次設計として終局時を想定した検討の前に，一次設計として許容応力度の検討が行われる．終局時の検討として，接合部係数を用いて上記の(1.1)式で条件を満足する場合でも，柱脚の降伏曲げ耐力と鋼柱の降伏曲げ耐力の対応は確認されているわけではない．露出柱脚において，降伏比の規定がないSS400のアンカーボルトや高強度のアンカーボルトを採用して終局時に柱ヒンジ型として設計する場合，伸び能力がないアンカーボルトは降伏後に早期の破断が生じる可能性があるため，許容応力度の検討において余裕を持った安全率を設定することが望ましい〔2.1.1(3)2) 参照〕．

1.4　柱軸力の影響

鋼柱，柱脚は，いずれも曲げ耐力が作用軸力の影響を受けるが，特に側柱や隅柱のような位置では，地震時に作用する軸力が変動する．軸力の変動は，建物の動的応答によって決まることから，正確に予測することは困難である．平面骨組として考えた場合にはA_i分布に基づく外力を作用させ，骨組が保有水平耐力に到達した時点をもって鋼柱の軸力を設定する方法も考えられるが，実際

には水平2方向の地震力が作用するため，平面骨組に対するものとは軸力が大きく異なることもある．さらに，鋼柱と柱脚では曲げ耐力に対する軸力の影響が異なり，作用軸力が設計と異なる場合には，鋼柱と柱脚の耐力比も設計と異なったものとなる．一例として，図1.4に角形鋼管柱やH形断面柱を用いたラーメン構造の鋼柱と露出柱脚の曲げモーメント M と軸力 N の相関関係を模式的に表す．アンカーボルトで緊結されている露出柱脚は，鉄筋コンクリート柱と同様に，圧縮軸力がある程度大きい方が曲げ耐力は高くなるが，鋼柱は，正負の軸力に対して対称に曲げ耐力が変動するという違いがある．中柱のように軸力変動が小さい場合〔図1.4(a)〕には，柱脚の耐力を柱の耐力より大きく確保し，柱ヒンジ型を実現することが可能である．しかし，軸力変動が大きい側柱や隅柱の場合〔図1.4(b)〕には，常時軸力における耐力の大小関係が逆転し，柱脚ヒンジ型へと移行する可能性がある．現時点では，地震時に側柱・隅柱などに作用する変動軸力について，この程度見込んでおけばよいという数値を示すことは難しい．設計時に柱ヒンジ型を想定して耐力を確保しても，実際に生じる変動軸力によって柱脚が破壊に至る可能性があるため，伸び能力が保証されたアンカーボルトを使用し，柱脚に塑性変形能力を確保しておくことが望ましい．なお，柱ヒンジ型の設計を行う際の接合部係数について，本ガイドブックでは，作用軸力が一定と見なせる中柱などを前提として設計の考え方を示す．

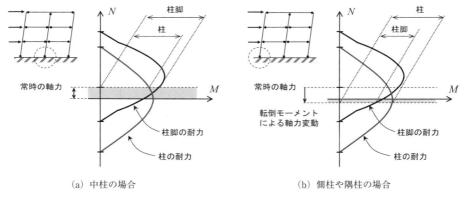

図1.4 鋼柱と露出柱脚の M–N 相関曲線に対する軸力の影響

1.5 柱脚施工の考え方

柱脚以外の鋼構造骨組の接合部は一般に鋼部材同士の接合であるが，柱脚は鋼部材とコンクリート部材の接合となる．異種材料の接合部となること，また，施工誤差が生じやすい接合部となることから，柱脚の施工には留意すべき点が多い．

過去の地震災害での柱脚被害では，アンカーボルトの台直しやベースプレートのボルト孔拡大などの施工不良が原因と考えられる被害事例も多く見られる〔4章 4.5 施工・管理の不具合事例を参照〕．また，建方時においては，不適切なレベルモルタルの面積や強度により，鉄骨の倒壊，崩壊につながる可能性がある．建方時においても，建方完了後も，柱脚に求められる性能を満たすように施工する必要がある．

本会の【JASS 6】では「工事現場施工」の章に「定着」として柱脚施工の標準仕様が示されており，【技術指針・現場】では「建方」の章に「アンカーボルトの施工と検査」，「ベースモルタルの施工と検査」として関連する解説が示されている．本書では，3章で柱脚の施工について記述している．初めに各柱脚に共通する内容として，アンカーボルトの据付け保持，ベースモルタルの施工について解説し，その後，露出柱脚，根巻き柱脚，埋込み柱脚の各柱脚形式に応じた具体的な柱脚施工に関する内容を解説する．

【参考文献】
 1.1)　建築物の構造関係基準解説書編集委員会：2015年版建築物の構造関係技術解説書

2章 設 計

2.1 露出柱脚の設計
2.1.1 設計の基本
（1）概説

　露出柱脚は，上部構造をアンカーボルト等により基礎構造に緊結する接合部であり，常時荷重と地震時などの水平力による応力を基礎構造に伝達する重要な役割を担う．これに加え，耐震設計において柱脚部に塑性ヒンジが生じる崩壊型では，塑性変形能力が求められる．柱脚部において塑性ヒンジが生じる設計として，鋼柱に塑性変形能力を期待する柱ヒンジ型，柱脚のアンカーボルトに塑性変形能力を期待する柱脚ヒンジ型が選択できる〔図2.1.1〕．なお，1章で述べたように，本ガイドブックでは，軸力変動が小さい中柱などを対象としている．また，柱脚ヒンジ型には，ベースプレートの降伏を利用した方法も提案されている[2.1.1),2.1.2)など]が，【接合部指針】と同様に本ガイドブックでは対象外とする．それぞれのヒンジ型に対する設計法について述べる前に，まず，双方に共通する，設計に際して留意すべき基本事項を下記に挙げる．

1) アンカーボルトは，先端部に設けた定着金物の支圧などによって基礎コンクリートに定着する．定着金物の支圧により定着する場合には，基礎コンクリートの破壊を防止するため，20 d_b（d_b：アンカーボルト軸径）以上の定着長さを目安とする．なお，定着長さ20 d_b は，実験結果[2.1.3)～2.1.5)など]に基づく推奨値であり，フック形式の場合も，許容応力度レベルまでは多数回の繰返し加力に対して挙動が安定していることが確認されている[2.1.5)]．ただし，基礎コンクリートの形状によってはコーン状破壊を左右する有効投影面積が不足するので，【合成指針】に基づいてコーン状破壊耐力を確認しておく必要がある．

2) アンカーボルトの締付けには座金を用い，かつ二重ナットなどの方法により，弛緩しないようにする．

3) 基礎コンクリート柱型（基礎と鋼柱の間に位置する鉄筋コンクリート柱）やその立上げ部については，柱脚が最大曲げ耐力を発揮するまで，圧壊や割裂などの破壊が生じないように設計し，コンクリートの破壊に伴うアンカーボルトの抜け出しを防止する．また，水平力（せん断力）の伝達に対しても，応力方向の縁端距離（はしあき）を十分に確保してコンクリート縁端部の側方破壊を防止する．

4) ベースプレート下面と基礎上面を密着させるために，両者の間に無収縮モルタルを充填する．その際，モルタルの圧縮強度は基礎コンクリートの設計基準強度以上とし，モルタルの圧縮破壊を防止する．

5) ベースプレートにおけるアンカーボルト孔のクリアランスは，5 mm 以下とする．

6) 曲げモーメントが生じる場合，ベースプレートの圧縮側ではベースプレート下面の基礎コン

クリートの支圧反力を受け，引張側ではアンカーボルトの引張反力による面外曲げモーメントを受ける．これらの応力に対して弾性状態を維持できるように設計する．

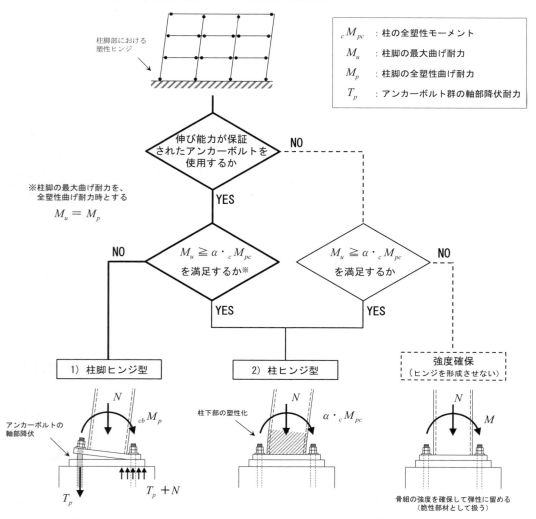

図2.1.1　ラーメン骨組の柱脚部に塑性ヒンジが生じる崩壊型と柱脚部設計の概要

（2）アンカーボルト

　露出柱脚について，これまでの地震で多くの被害が報告されている．図2.1.2は，文献[2.1.6]で報告された兵庫県南部地震における露出柱脚の損傷件数である．凡例は建築物の被害程度を示している．柱脚の被害部位としてアンカーボルトの破断が最も多い．写真2.1.1はアンカーボルトの破断例である．1995年までの建築物の露出柱脚に用いられていたアンカーボルトは，SS400の棒鋼に切削ねじ加工を行って製作したものがほとんどである．アンカーボルトのねじ部の破断および軸部の伸びの様子とねじ部破断荷重 p_{bu} と軸部降伏荷重 p_{bp} の算定式を図2.1.3に示す．

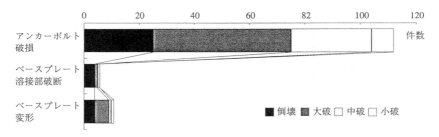

図 2.1.2 被害レベル別の露出柱脚各部の損傷件数

写真 2.1.1 アンカーボルトの破断[2.1.6)]

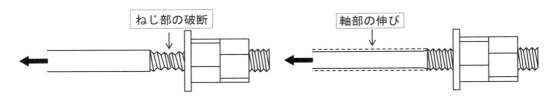

図 2.1.3 アンカーボルトのねじ部破断荷重および軸部降伏荷重

$$p_{bu} = A_{be} \cdot \sigma_u \tag{2.1.1}$$

A_{be}：ねじ部断面積

σ_u：引張強さ

$$p_{bp} = A_b \cdot \sigma_y \tag{2.1.2}$$

A_b：軸部断面積

σ_y：降伏強さ

柱脚が回転能力を発揮するためには，アンカーボルトの破断に先立ってアンカーボルトの軸部に十分な伸びが生じる必要がある．このための条件は，以下となる．

$$p_{bu} > p_{bp} \tag{2.1.3}$$

上式は下記となる．

$$A_{be} \cdot \sigma_u > A_b \cdot \sigma_y \tag{2.1.4}$$

$$\frac{A_{be}}{A_b} > \frac{\sigma_y}{\sigma_u} = YR \tag{2.1.5}$$

YR：降伏比

　従来から使用されてきた SS400 の棒鋼に切削ねじ加工を行ったアンカーボルトには降伏比の規定がないこと，ねじ部断面積が軸部断面積の 75 % 程度であることから，一般に（2.1.5）式を満足しない．この点がこれまでの地震被害として，アンカーボルトの破断が多く生じた要因である．アンカーボルトの早期破断を防止するには（2.1.5）式を満足する必要があり，降伏比に応じたねじ部断面積を確保する必要がある．このことから，軸部降伏を保証したアンカーボルトセットの規格として日本鋼構造協会の JSS II 13 2004，JSS II 14 2004 が制定された．ここでは，降伏比が規定された材料を採用すること，転造ねじや細目ねじを採用してねじ部断面積を大きくすることが示されている．

　アンカーボルトのねじ形状を写真 2.1.2 に示す．アンカーボルトのねじは加工方法の違いから，切削ねじと転造ねじがある．SS400 の切削ねじ（並目ねじ）では，ねじ部有効断面が軸部断面に比べてかなり小さいことがわかる．前述したように，有効断面積は軸部断面積の 75 % 程度である．一方，ABR の転造ねじ（並目ねじ）では軸部径が呼び径より小さく，ねじ部有効断面積と軸部断面積の差が小さい．アンカーボルト軸部をほぼおねじの有効径になるように精密圧延した SNR 材（JIS G 3138（建築構造用圧延棒鋼））の棒鋼を用いて，そのままねじ部を転造しているため，ねじ部断面積は，軸部断面積の 95 % 程度である．ABM の切削ねじ（細目ねじ）では，細目ねじを採用することによってねじピッチが小さい．ねじピッチに比例してねじ深さが小さくなることから，ねじ部有効断面積の軸部断面積に対する割合を確保していることがわかる．この JSS 規格は，JIS 規格として引き継がれ，現在では転造ねじと切削ねじの規格が統合されて，構造用両ねじアンカーボルトセット（JIS B 1220：2015）として制定されている．ABR と ABM の特徴および耐力を表 2.1.1〜2.1.3 にまとめた．これらのアンカーボルトセットのボルト，ナット，座金の形状を付録 1

写真 2.1.2　アンカーボルトのねじ形状

に示す．定着板の寸法およびその設計条件について，JIS B 1220 の解説に記載があるので，参考となる．

図 2.1.4 は，アンカーボルトセットの引張試験結果である．縦軸の値 σ は，アンカーボルトに生じる引張力をねじ部断面積で除した値である．ABR ではねじ部と軸部がほぼ同時に降伏し，ねじ部が破断することなく，伸び 15％以上の十分な変形能力を発揮している．ABM では初めにねじ部が降伏するが，その後，ねじ部がひずみ硬化によって耐力上昇して軸部が降伏することにより，伸び 8％程度の変形能力を有していることがわかる．JIS 規格のアンカーボルト材料は，SNR400B および SNR490B である．これら SNR の B 材の降伏比の規定は 80％以下である．ABR の転造ねじ加工では軸部断面積に対するねじ部断面積の確保が容易なため，メートル並目ねじが採用されており，降伏比の規定値が 80％である SNR 材が用いられている．ABM の切削ねじ加工では (2.1.5) 式を満足するようメートル細目ねじが採用されており，降伏比の規定値が 75％に抑えられた SNR 材が用いられている．

一方，柱脚の耐力を確保するために，アンカーボルトに高張力鋼を採用する場合がある．しかし，高張力鋼のアンカーボルトは降伏比が大きいため (2.1.5) 式を満足することが困難であり，ねじ部断面に降伏応力度を超える応力度が生じると，早期に破断する可能性がある．したがって，このようなアンカーボルトを採用する場合には，終局時にアンカーボルトに生じる応力度が弾性域に留まるように，十分な安全率を考慮して許容応力度の検討を行っておくことが望ましい．

（3）柱脚の崩壊機構と設計

1） 柱脚ヒンジ型における設計

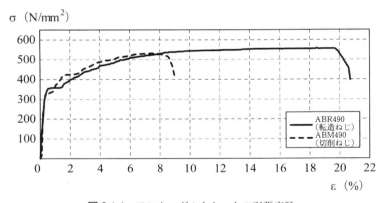

図 2.1.4 アンカーボルトセットの引張実験

表 2.1.1 ABR と ABM の特徴

規　格	種類の記号	ねじの加工方法とねじの種類	使用材料の降伏比
構造用両ねじアンカーボルトセット JIS B 1220	ABR	転造・並目	80％以下
	ABM	切削・細目	75％以下

表2.1.2 構造用転造両ねじアンカーボルトセットの耐力

ボルトの引張強さ	ねじの呼び	基準軸径 (mm)	軸部断面積 (mm²)	ねじ部有効断面積 (mm²)	ねじ部降伏引張耐力 (kN)	軸部降伏引張耐力 (kN)
400 N/mm² (ABR400)	M 16	14.54	166	157	36.9	39.0
	M 18	16.20	206	192	45.1	48.4
	M 20	18.20	260	245	57.6	61.1
	M 22	20.20	320	303	71.2	75.2
	M 24	21.85	375	353	83.0	88.1
	M 27	24.85	485	459	108	114
	M 30	27.51	594	561	132	140
	M 33	30.51	731	694	163	172
	M 36	33.17	864	817	192	203
	M 39	36.17	1 030	976	229	242
	M 42	38.83	1 180	1 120	263	277
	M 45	41.83	1 370	1 310	282	295
	M 48	44.48	1 550	1 470	316	333
490 N/mm² (ABR490)	M 16	14.54	166	157	51.0	54.0
	M 18	16.20	206	192	62.4	67.0
	M 20	18.20	260	245	79.6	84.5
	M 22	20.20	320	303	98.5	104
	M 24	21.85	375	353	115	122
	M 27	24.85	485	459	149	158
	M 30	27.51	594	561	182	193
	M 33	30.51	731	694	226	238
	M 36	33.17	864	817	266	281
	M 39	36.17	1 030	976	317	335
	M 42	38.83	1 180	1 120	364	384
	M 45	41.83	1 370	1 310	386	404
	M 48	44.48	1 550	1 470	434	457

表2.1.3 構造用切削両ねじアンカーボルトセットの耐力

ボルトの引張強さ	ねじの呼び	基準軸径 (mm)	軸部断面積 (mm²)	ねじ部有効断面積 (mm²)	ねじ部降伏引張耐力 (kN)	軸部降伏引張耐力 (kN)
400 N/mm² (ABM400)	M 24	24	452	384	90.2	106
	M 27	27	573	496	117	135
	M 30	30	707	621	146	166
	M 33	33	855	761	179	201
	M 36	36	1 020	865	203	240
	M 39	39	1 190	1 030	242	280
	M 42	42	1 390	1 210	260	299
	M 45	45	1 590	1 340	288	342
	M 48	48	1 810	1 540	331	389
490 N/mm² (ABM490)	M 24	24	452	384	125	147
	M 27	27	573	496	161	186
	M 30	30	707	621	202	230
	M 33	33	855	761	247	278
	M 36	36	1 020	865	281	332
	M 39	39	1 190	1 030	335	387
	M 42	42	1 390	1 210	357	410
	M 45	45	1 590	1 340	395	469
	M 48	48	1 810	1 540	454	534
	M 52	52	2 120	1 820	537	625
	M 56	56	2 460	2 140	631	726
	M 60	60	2 830	2 480	732	835
	M 64	64	3 220	2 850	841	950
	M 68	68	3 630	3 240	956	1 070
	M 72	72	4 070	3 460	1 020	1 200
	M 76	76	4 540	3 890	1 150	1 340
	M 80	80	5 030	4 340	1 280	1 480
	M 85	85	5 670	4 950	1 460	1 670
	M 90	90	6 360	5 590	1 650	1 880
	M 95	95	7 090	6 270	1 850	2 090
	M 100	100	7 850	6 990	2 060	2 320

柱脚ヒンジ型を選択する場合には，確実に軸部降伏に至らしめることで伸び能力が保証されているアンカーボルトの使用が必須である．アンカーボルトの伸び能力を保証するためには（2）で示したねじ部断面積と降伏比の問題だけでなく，基礎コンクリートへの定着部における破壊防止を含んだ条件を満たす必要がある．すなわち，下式がアンカーボルト定着部を設計する際の条件となる．

$$_jT_u \geqq \alpha_b \cdot T_p \tag{2.1.6}$$

記号

$_jT_u$：アンカーボルト定着部の最大耐力

T_p：アンカーボルトの軸部降伏引張耐力

α_b：アンカーボルト定着部の接合部係数

アンカーボルト定着部の接合部係数 α_b は，アンカーボルトのひずみ硬化が小さいため，材料強度のばらつきのみを考慮すればよく，【接合部指針】の継手やブレース端接合部に準じ，使用鋼材に応じて1.10〜1.15の数値を用いる．

柱脚ヒンジ型では，地震時の挙動を考えた場合，繰返し変形に対して，図2.1.5に示すようなスリップ挙動を示す．これは，引張力によってアンカーボルトが軸部降伏に至ると，塑性伸びが残留し，ベースプレートとアンカーボルトが再び接触するまでの無抵抗区間が状態（c〜d）および状態（g〜h）として現れることによる．したがって，柱脚ヒンジ型は，柱ヒンジ型に比べて同じ繰返し変形に対して柱脚部のエネルギー吸収量が少なくなること，また反曲点位置が下がって1階柱頭や2階床梁への損傷集中が生じることから，特に1階については，保有水平耐力を柱ヒンジ型として設計する場合より大きくしておく必要がある．現行の耐震設計では，柱脚ヒンジ型を採用する場合には，構造特性係数 D_s を0.05割り増すことが行われている[2.1.7]．

以下では，柱脚を柱ヒンジ型とした場合とスリップ挙動を示す柱脚ヒンジ型とした場合について地震応答解析を行い，柱脚の弾塑性挙動が骨組の損傷分布に及ぼす影響，および1階の保有水平耐力 C_1 の割増しによる2階床梁への損傷集中の低減効果について検討した結果[2.1.8]を紹介する．解

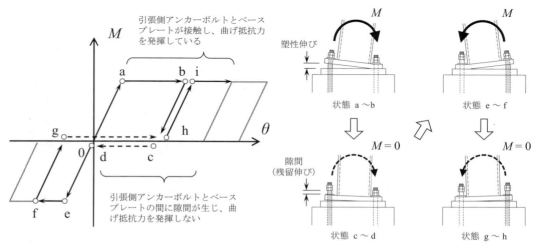

図2.1.5　露出柱脚のスリップ型の復元力特性とその発生メカニズム

析骨組は，階高 3.5 m，スパン 7 m，各階の 1 スパンあたりの重量を 400 kN とした無限均等ラーメン骨組である．柱は箱形断面，梁は H 形断面であり，柱梁接合部パネルについては直下の柱と同一断面としている．また，骨組に一般性を持たせるため，3 層程度ごとに柱の断面を同一としている．具体的な部材断面リストは，表 2.1.4 に示すとおりである．柱と梁の復元力特性には繰返し変形に対するバウシンガー効果を考慮する[2.1.9]とともに，柱では局部座屈による耐力劣化[2.1.10]を考慮し，柱脚の復元力特性は，2.1.2 項にて詳述するダブルフラッグ型（図 2.1.9，圧縮軸力による抵抗とそれ以降のスリップ挙動が生じる）のモデルを用いた．ここで紹介する解析骨組に関するパラメータは，柱脚の全塑性曲げ耐力と柱の全塑性モーメントの比 $_{cb}M_p/_cM_{pc}$ であり，柱脚ヒンジ型とした場合では，1 階のベースシアー係数 C_1 の割増し量も変化させた．入力には，El Centro (NS)，Taft (NS)，八戸 (EW)，JMA 神戸 (NS)，2011 年東北地方太平洋沖地震の仙台管区気象台記録 NS，EW 成分の 6 波を採用した．その他の解析条件や結果の詳細については，文献 2.1.8) を参照されたい．

$_{cb}M_p/_cM_{pc}=1.3$ を柱ヒンジ型，0.7 を柱脚ヒンジ型として，それぞれの骨組における損傷分布（骨組全体での塑性ひずみエネルギーに対する各部材の塑性ひずみエネルギーの比率）を図 2.1.6

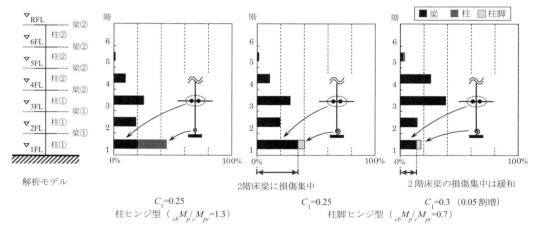

図 2.1.6 露出柱脚の弾塑性挙動が骨組の損傷分布に及ぼす影響と保有水平耐力の割増しの効果

表 2.1.4 部材リスト

解析骨組		部材断面 [mm]		
		位置	柱	梁
柱ヒンジ型 ($_{cb}M_p/_cM_{pc}=1.3$)	$C_1=0.25$	②	□-425×14	H-602×258×10×14
		①	□-470×16	H-653×280×10×16
柱ヒンジ型 ($_{cb}M_p/_cM_{pc}=0.7$)	$C_1=0.25$	②	□-420×14	H-594×255×9×14
		①	□-477×16	H-664×284×11×16
	$C_1=0.3$ (0.05 割増し)	②	□-420×14	H-594×255×9×14
		①	□-504×17	H-705×302×11×17

に例示する．図の縦軸は階を表し，横軸は骨組全体での塑性ひずみエネルギーに対する各部材の塑性ひずみエネルギーの比率としている．また，ここでは最大地動速度を 50 cm/s に基準化した入力地震動 6 ケースの平均値を示している．柱脚ヒンジ型では，露出柱脚が塑性化してスリップ挙動を示すことで 1 階柱の反曲点高さが下方に移動して柱頭の曲げモーメントが増加するとともに，柱脚のエネルギー吸収量が低下することで柱ヒンジ型と比較して梁の損傷が大きくなっている．しかしながら，柱脚ヒンジ型としても 1 階のベースシアー係数を 0.05 割り増すと，2 階床梁の損傷はさらに上階の梁へと移行し，柱ヒンジ型と同程度まで梁への損傷集中を緩和できていることがわかる．

2） 柱ヒンジ型における設計

柱ヒンジ型は，アンカーボルトに伸び能力が保証されているか否かにかかわらず選択できる．この場合は，他の接合部と同様，鋼柱下部が十分な塑性変形を発揮するまで柱脚を破壊させないことが条件となり，下式を満たす必要がある．

$$M_u \geq \alpha \cdot {}_c M_{pc} \qquad (2.1.7)$$

記号

M_u：柱脚の最大曲げ耐力

${}_c M_{pc}$：柱の全塑性モーメント

α：柱脚の接合部係数

伸び能力が保証されていないアンカーボルトを用いる場合，(2.1.7)式を満たさなければ，当該柱は塑性変形を期待できない部材として扱い，強度抵抗型の骨組として水平耐力を確保するように設計する必要がある．

一方，伸び能力が保証されているアンカーボルトを用いる場合には，アンカーボルトの伸び能力は，想定外の破壊モードの移行に対するフェイルセーフを期待したものとなる．1 章で述べたように，特に軸力変動が大きい側柱や隅柱では，柱ヒンジ型から柱脚ヒンジに移行する可能性が高まるため，アンカーボルトの伸び能力を確保しておくことが望ましい．しかし，その一方で，伸び能力を有するアンカーボルトに軸部降伏が生じる場合にはひずみ硬化が小さいため，アンカーボルトが軸部降伏に至った全塑性曲げ耐力が柱脚としての実質的な最大曲げ耐力に相当する．したがって，柱ヒンジ型を実現させるためには柱脚を全塑性状態に至らせてはならず，(2.1.7) 式の左辺を M_p（柱脚の全塑性曲げ耐力）に置き換えた条件式を満足させる必要がある．あるいは，アンカーボルトの軸部降伏耐力にひずみ硬化に応じた割増し係数（ABR：1.3，ABM：1.25）を乗じたものを設計用最大引張耐力として M_u を算出する方法もある[2.1.11]．いずれにせよ，柱ヒンジ型を選択したにもかかわらず，伸び能力が保証されているアンカーボルトに軸部降伏が生じると，柱ヒンジ型として想定した曲げ耐力 M_{pc}（柱の全塑性モーメント）を発揮できなくなるので，注意が必要である．

露出柱脚において，柱ヒンジが生じるために必要となる接合部係数 α は，一般に 1.2〜1.3 程度が用いられている[2.1.7]など．しかし，【接合部指針】では，他の接合部のように具体的な数値を与えていない．これは，さまざまな仕様のアンカーボルトに対して標準的な性能を設定するのが難しいためであり，実験データが十分に整備され，アンカーボルトの仕様に応じた接合部係数が提示される

ことが望まれる．

　また，柱ヒンジ型において塑性変形を期待する鋼柱下部は，軸力と曲げを同時に受け，梁やブレースといった他の部材に比べて過酷な応力状態にある．さらに，柱の局部座屈による耐力劣化は，構造骨組の倒壊を招く要因となる[2.1.12)]など．したがって，柱ヒンジ型を選択する際には，圧縮軸力下の繰返し塑性変形に対して健全性を損なわぬよう，柱断面の幅厚比を極力小さくし，柱自身に十分な塑性変形能力を付与しておくことが重要である．

2.1.2 剛　　性

　露出柱脚は，一般に固定とピンの中間的な半固定に相当する回転剛性を有する．柱脚の固定度の影響は，構造骨組に作用する水平力とその分布を定めれば，最下階柱の反曲点高さの変化として現れ，柱頭および梁端部の応力が変化することから，容易に理解できる〔図2.1.7〕．現在，構造計算における応力解析では，露出柱脚の回転剛性 K_{BS} を回転ばねとして考慮するのが一般的である．

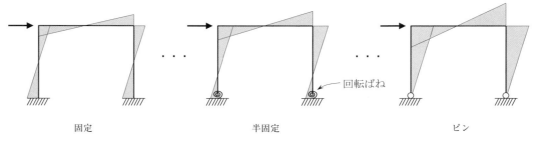

図 2.1.7　柱脚固定度と最下階柱の反曲点高さ

　この露出柱脚の回転剛性は，アンカーボルト，ベースプレートおよび下面コンクリートの変形のすべてを考慮しようとすると，非常に複雑になる．一般に回転剛性の算定には，(2.1.8)式で表されるアンカーボルトの軸剛性に基づいた実験式[2.1.13)]などがよく用いられる〔図2.1.8〕．

$$K_{BS} = \frac{E \cdot n_t \cdot A_b \cdot (d_t + d_c)^2}{2 l_b} \tag{2.1.8}$$

記号
　　　K_{BS}：露出柱脚の回転剛性
　　　E：アンカーボルトのヤング係数
　　　n_t：引張側アンカーボルトの本数
　　　A_b：アンカーボルト軸部の断面積
　　　d_t：柱断面図心より引張側アンカーボルト群図心までの距離
　　　d_c：柱断面図心より圧縮側の柱外縁までの距離
　　　l_b：アンカーボルトの有効長さ
　　　　（ベースプレート上の座金上部から定着板下部まで．図2.1.8参照）

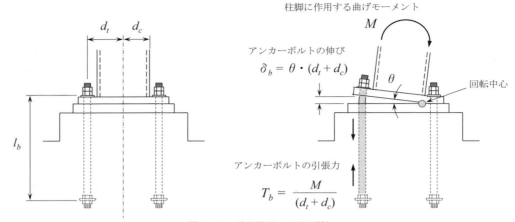

図 2.1.8　露出柱脚の回転剛性

ここで，露出柱脚の回転変形をもたらすアンカーボルト 1 本あたりに作用する引張力 p_b と，それによって生じる伸び δ_b の関係は，次式で表せる．

$$p_b = \frac{E \cdot A_b}{l_b} \cdot \delta_b \tag{2.1.9}$$

いま，アンカーボルト 1 本あたりの引張力 p_b と伸び δ_b の関係は，露出柱脚の回転中心を圧縮側の柱外縁位置に仮定すれば，それぞれを曲げモーメント M と回転角 θ に変換できる．これらを用いて回転剛性 K_b（$=M/\theta$）を表すと，次式が得られる．

$$K_b = \frac{E \cdot n_t \cdot A_b \cdot (d_t + d_c)^2}{l_b} \tag{2.1.10}$$

回転剛性の実験式である (2.1.8) 式と，アンカーボルトの軸剛性に基づく理論式である (2.1.8) 式を比較すると，K_{BS} は K_b の半分になっていることがわかる．つまり，両者は (2.1.11) 式の関係にある．これは，実際の回転変形には，アンカーボルトの伸びだけでなく，引張側のベースプレートの面外曲げ変形，圧縮側の支圧反力による基礎コンクリートの圧縮変形が加わるためである．

$$K_{BS} = \frac{K_b}{2} \tag{2.1.11}$$

ところで，実際の柱脚には，長期荷重による圧縮軸力が常時作用している．この場合には，繰返し変形に対して図 2.1.9 のような履歴曲線を示す．すなわち，柱脚のベースプレートは圧縮軸力によってコンクリートに圧着されているため，ベースプレート下面の引張側で離間が生じるまでは非常に高い回転剛性を発揮する．曲げモーメントが増加してベースプレートの離間が始まると，アンカーボルトに引張力が作用するまで緩やかに回転剛性が低下し，最終的には (2.1.8) 式で示したアンカーボルトの軸剛性に基づいた回転剛性を発揮することになる．アンカーボルトが引張力に抵抗し始めた後は，無軸力下と同様に繰返し変形に対してはスリップ挙動を示す（ダブルフラッグ型）．しかし，実際の耐震設計，例えば許容応力度計算等における応力解析では，上部構造の応力

を安全側に評価できるものとして圧着時の高い回転剛性は考慮せず，(2.1.8) 式で表される回転剛性についてのみ考慮するのが一般的である．

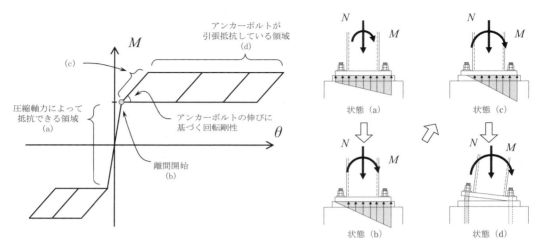

図 2.1.9　圧縮軸力下における露出柱脚の履歴曲線

2.1.3　耐　　力

（1）曲げ耐力

1）降伏曲げ耐力

柱脚の降伏曲げ耐力は，許容応力度計算等において用いるものであり，柱脚のアンカーボルトを引張鉄筋とし，ベースプレートの大きさを断面とする鉄筋コンクリート造の柱と同様に考えて算定する．ただし，実際には柱脚の降伏曲げ耐力そのものを求めることは稀であり，作用外力に対する断面内の応力度分布を得て，最大圧縮応力度 σ_c がコンクリートの許容圧縮応力度 ($2/3\,F_c$) 以下であること，また，アンカーボルトに作用する引張応力度 σ_t が降伏応力度 (F_{by}) 以下であることを確かめる．

柱脚の応力分布は，弾性解析等によって柱脚部に作用する軸力 N と曲げモーメント M の大きさが決まれば，平面保持の仮定に基づいて図 2.1.10 に示す分布が与えられる．このときの応力度分布は，曲げモーメントの軸力に対する比である偏心距離 $e=M/N$ によって分類できる．軸力に対して曲げモーメントが小さく，ベースプレート下面が全圧縮状態〔図 2.1.10(a)〕である場合は，最大圧縮応力度 σ_c を次式によって求める．

$$\sigma_c = \frac{N}{BD}\left(1+\frac{6e}{D}\right) \quad (ただし，\ e \leq \frac{D}{6}) \tag{2.1.12}$$

記号

σ_c：圧縮側の基礎コンクリートに生じる最大圧縮応力度

B：構面直交方向のベースプレートの幅

D：構面方向のベースプレートの幅

e：曲げモーメントの軸力に対する比である偏心距離 $e=M/N$

軸力に対する曲げモーメントの比率を大きくすると，ベースプレート下面の一部が離間している状態〔図 2.1.10(b)〕となり，この場合は，最大圧縮応力度 σ_c を次式によって求める．

$$\sigma_c = \frac{4N}{3B(D-2e)} \quad \left(\text{ただし，} \frac{D}{6} + \frac{d_t'}{3} \geq e > \frac{D}{6}\right) \tag{2.1.13}$$

記号

d_t'：引張側アンカーボルト群図心のベースプレートにおけるはしあき距離

さらに軸力に対する曲げモーメントの比率が大きくなると，アンカーボルトに引張力が作用する状態〔図 2.1.10(c)〕となる．具体的には，$e > D/6 + d_t'/3$ になると，アンカーボルトに引張力が作用することになる．この場合の応力算定には中立軸位置 x_n の情報が必要となり，(2.1.14) 式で表される三次方程式を解かなければならない．

$$x_n^3 + 3\left(e - \frac{D}{2}\right)x_n^2 - \frac{6na_t}{B}\left(e + \frac{D}{2} - d_t\right)(D - d_t' - x_n) = 0 \tag{2.1.14}$$

記号

x_n：中立軸位置（曲げ圧縮縁からの距離）

n：コンクリートに対する鋼材のヤング係数の比

中立軸位置 x_n は，三次方程式を表計算ソフトなどを用いて解くか，【S 規準】に掲載されている図 2.1.11（$n=15$ の場合）などをあらかじめ用意して得る．なお，コンクリート設計基準強度に応じたヤング係数比 n は【RC 規準】に示されており，$F_c \leq 27$ の場合には $n=15$，$27 < F_c \leq 36$ の場合には $n=13$，$36 < F_c \leq 48$ の場合には $n=11$，$48 < F_c \leq 60$ の場合には $n=9$ である．いずれかの方法でも応力状態に応じた中立軸位置 x_n が得られれば，次式より最大応力度を求め，それらが許容応力度以下であることを確認すればよい．露出柱脚における許容応力度の検証例を付 2 に示す．また，ここに図 2.1.1 の拡大図〔付図 2.3〕を示す．

$$\sigma_c = \frac{2N\{e+(D/2)-d_t\}}{Bx_n\{D-d_t'-(x_n/3)\}}$$

$$\sigma_t = \frac{N\{e-(D/2)+(x_n/3)\}}{a_t\{D-d_t'-(x_n/3)\}} \quad \left(\text{ただし，} e > \frac{D}{6} + \frac{d_t'}{3}\right) \tag{2.1.15}$$

記号

σ_t：アンカーボルトに作用する引張応力度

a_t：引張側アンカーボルトの総断面積

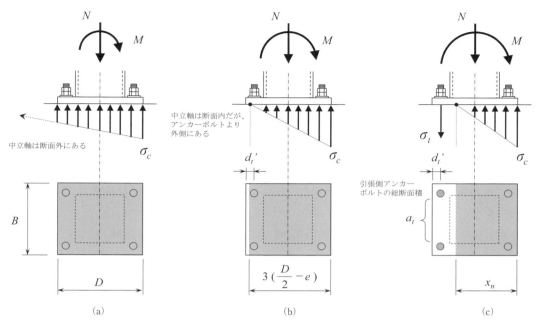

図 2.1.10 軸力と曲げモーメントの大きさに応じた弾性状態の応力度分布

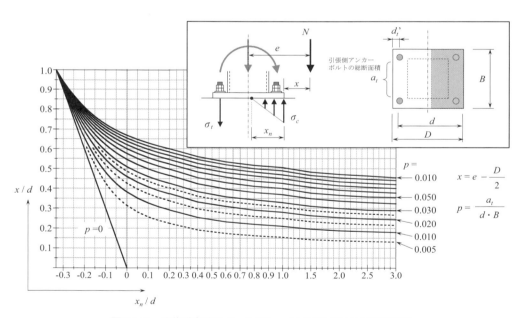

図 2.1.11 降伏耐力時のベースプレート下面における中立軸位置
（コンクリートに対する鋼材のヤング係数の比 $n=15$ の場合）

2) 全塑性曲げ耐力

　全塑性曲げ耐力 M_p は，伸び能力が保証されているアンカーボルトを用いた柱脚を対象として算出する．基本的には，柱脚ヒンジ型とした場合の柱脚部における塑性ヒンジとしての曲げ耐力に用いるが，柱ヒンジ型とする場合には，柱を十分に塑性化させるための検討に必要となる接合部耐力として用いる場合もある．

　全塑性曲げ耐力については，軸力の大きさによって，応力度分布は図2.1.12に示すように変化する．全塑性曲げ耐力は，図2.1.13に示す基礎コンクリートの支圧強度で決まる曲げ耐力とアンカーボルトの引張降伏で決まる曲げ耐力の $M-N$ 相関曲線のベクトル和として求められる．両者の $M-N$ 相関曲線は，それぞれ二次曲線と三角形となる．図式法では，三角形の $M-N$ 相関曲線をその上端が二次曲線の上端と重ね，また二次曲線の $M-N$ 相関曲線は，左端がそれらの三角形の右端と重なるように移動させ，近似的な累加耐力曲線として柱脚の全塑性曲げ耐力を得る．

$N_u \geqq N > N_u - T_p$ のとき

$$M_p = (N_u - N)d_t \tag{2.1.16}$$

$N_u - T_p \geqq N > -T_p$ のとき

$$M_p = T_p \cdot d_t + \frac{(N+T_p)D}{2}\left(1 - \frac{N+T_p}{N_u}\right) \tag{2.1.17}$$

$-T_p \geqq N > -2T_p$ のとき

$$M_p = (N + 2T_p)d_t \tag{2.1.18}$$

記号
　　　N_u：基礎コンクリートの最大圧縮耐力
　　　　　$N_u = B \cdot D \cdot F_b$
　　　B：構面直交方向のベースプレートの幅
　　　D：構面方向のベースプレートの幅
　　　F_b：基礎コンクリートの支圧強度
　　　　　$F_b = 0.85 F_c$
　　　F_c：基礎コンクリートの設計基準強度
　　　T_p：引張側アンカーボルト群（複数本）の軸部降伏引張耐力
　　　　　$T_p = n_t \cdot p_{bp}$
　　　n_t：引張側アンカーボルトの本数
　　　p_{bp}：アンカーボルト1本あたりの軸部降伏引張耐力
　　　　　$p_{bp} = A_b \cdot F_{by}$
　　　A_b：アンカーボルト軸部の断面積
　　　F_{by}：アンカーボルトの降伏強さ
　　　d_t：柱断面図心より曲げ引張側アンカーボルト群図心までの距離

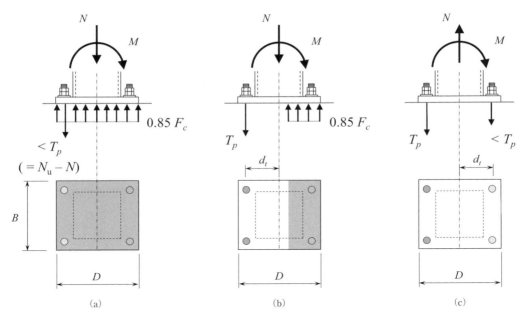

図 2.1.12 軸力と曲げモーメントの大きさに応じた全塑性状態の応力分布

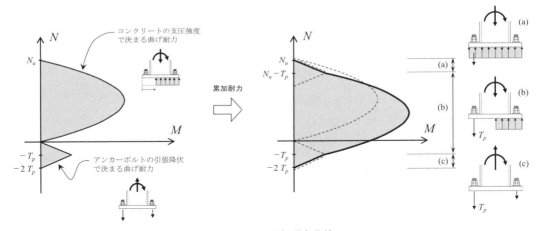

図 2.1.13 累加耐力曲線

3) 最大曲げ耐力

最大曲げ耐力 M_u は，伸び能力が保証されていないアンカーボルトを用い，柱脚部を柱ヒンジ型とする場合に，柱を十分に塑性化させるための条件を検討するのに必要となる接合部の最大曲げ耐力として用いる．最大曲げ耐力については，アンカーボルトの破断時を考え，全塑性曲げ耐力の算出式〔(2.1.16)〜(2.1.18)式〕のうち，アンカーボルト群の軸部降伏引張耐力 T_p を最大引張耐力 $T_u = n_t \cdot F_{bu} \cdot A_e$（$F_{bu}$：アンカーボルトの引張強さ，$A_e$：アンカーボルトの有効断面積（軸部の断面積とねじ部の有効断面積のどちらか小さい方））に置き換えて算出する．伸び能力が保証されているアンカーボルトを用いる場合には，アンカーボルトの軸部降伏耐力 T_p にひずみ硬化に

応じた割増し係数（ABR：1.3，ABM：1.25）を乗じたものを設計用最大引張耐力とする考えもある[2.1.11]．

(2) せん断耐力

1) 降伏せん断耐力

降伏せん断耐力 Q_y は，許容応力度計算等において用いるものであり，ベースプレート下面の摩擦により抵抗するせん断耐力 Q_{fy} とアンカーボルトのせん断耐力 Q_{by} のいずれか大きい方を採用する．実際のせん断抵抗機構では，まずベースプレート下面の摩擦が抵抗し，すべりが生じた後にアンカーボルトが抵抗することになる．露出柱脚はすべり発生後も動摩擦係数に応じた耐力を保持するため，両者のせん断耐力を累加する考え方もある．しかし，両者の耐力発現時期が異なることから，設計上は安全側の措置として，いずれか大きい方の耐力をもって降伏せん断耐力としている．

$$Q_y = \max\{Q_{fy}, Q_{by}\} \qquad (2.1.19)$$

記号

Q_{fy}：摩擦により抵抗する場合の降伏せん断耐力

$$Q_y = 0.4\,C$$

Q_{by}：アンカーボルトの降伏せん断耐力

$$Q_{by} = n_c \cdot q_{by} \text{（引張側アンカーボルトが軸部降伏している時）}$$

C：ベースプレート下面の圧縮力

q_{by}：アンカーボルト1本あたりの降伏せん断耐力

$$q_{by} = A_{se} \cdot \frac{F_{by}}{\sqrt{3}}$$

A_{se}：アンカーボルトの有効せん断断面積

（せん断面となる軸部またはねじ部の断面積）

n_c：圧縮側アンカーボルトの本数

F_{by}：アンカーボルトの降伏強さ

ただし，上記のアンカーボルトの降伏せん断耐力 Q_{by} は，引張側のアンカーボルトが軸部降伏し，圧縮側のアンカーボルトの寄与のみを考えた場合である．引張側のアンカーボルトのせん断抵抗を考慮する際には，引張力とせん断力の組合せ応力を受けるアンカーボルト1本あたりの降伏引張耐力 p^*_{bp}，降伏せん断耐力 q^*_{by} を $(p^*_{bp}/p_{bp})^2 + (q^*_{by}/q_{by})^2 = 1$ の関係式から算出して加算する．なお，【S規準】において与えられているせん断力を同時に受けるボルトの引張応力度は，上記の関係式を簡略化したものであり，本質的な意味は変わらない．

ここで，全塑性曲げ耐力時に発揮できる降伏せん断耐力について考える．全塑性曲げ耐力時におけるアンカーボルトの引張力の総和と基礎コンクリートの圧縮力を，柱軸力との関係として図2.1.14に表し，それらの応力状態に応じた柱脚の降伏せん断耐力を図2.1.15に示す．なお，簡単のため，せん断面もアンカーボルト軸部としている．これらの図を見ると，柱脚が全塑性曲げ耐力に到達している時には，柱軸力が $N_u - T_p$ より大きく，かつ圧縮側のアンカーボルトの降伏せん断耐力 Q_{by} が摩擦によるせん断耐力 Q_{fy} を上回っている場合においてのみ，引張側のアンカーボルト

が降伏せん断耐力に寄与することがわかる．したがって，圧縮軸力下における柱脚ヒンジ型では，引張側アンカーボルトのせん断耐力は，無視しておけばよい．

2) 最大せん断耐力

最大せん断耐力 Q_u についても降伏耐力時と同様に，ベースプレート下面の摩擦により抵抗するせん断耐力 Q_{fu} とアンカーボルトのせん断耐力 Q_{bu} のいずれか大きい方を採用する．

$$Q_u = \max\{Q_{fu},\ Q_{bu}\} \qquad (2.1.20)$$

ここで Q_{fu} の算出では摩擦係数を0.5とし，アンカーボルトの最大せん断耐力 Q_{bu} については F_{by} の代わりにアンカーボルトの引張強さ F_{bu} を用いて算出する．摩擦による降伏耐力と最大耐力では，異なる摩擦係数を用いることになるが，これは鋼鈑とコンクリートの摩擦係数として最大耐力時に用いる0.5がまずあり，降伏耐力時にはこれを低減して0.4を採用していることによる．

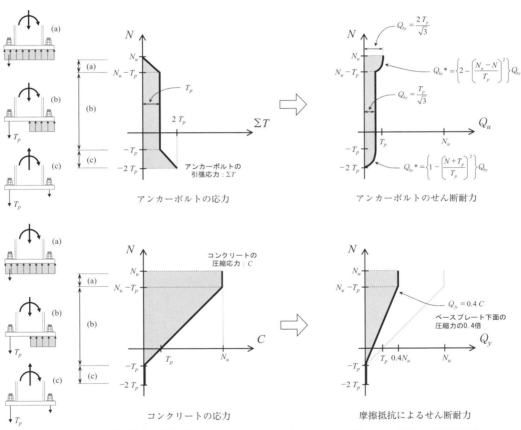

図 2.1.14　全塑性曲げ耐力時におけるコンクリートとアンカーボルトの応力，せん断耐力

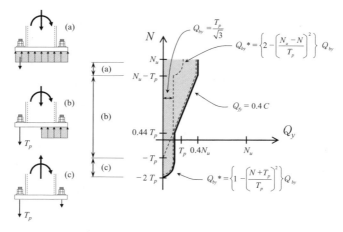

図 2.1.15 柱脚の降伏せん断耐力（図 2.1.14 の最大値を表す）

3) せん断力の伝達に対する留意事項

ブレースが取り付いた柱脚部では，ブレースからのせん断力と軸力が直接的に柱脚部に作用するため，ラーメン骨組に比べてせん断力の作用が卓越しやすい．このようにせん断力の作用が卓越するブレース骨組の柱脚部においても，ブレースの十分な塑性変形を保証する設計が必要である．しかしながら，現状では，接合部係数を用いた（2.1.7）式に相当する条件式を与えるには至っていない．ただし，少なくとも設計で想定される最大級の地震時において弾性範囲に留まるブレースに対しては，柱脚各部を降伏耐力以下に留めておく必要がある．露出柱脚のせん断耐力が不足する場合には，アンカーボルトの増設やベースプレート下面へのシヤキーの設置，あるいはベースプレートをコンクリートスラブで覆ってせん断力を負担させるなどの工夫が必要である〔図 2.1.16〕．

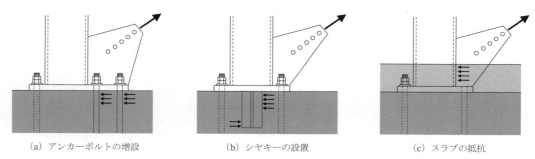

（a）アンカーボルトの増設　　　（b）シヤキーの設置　　　（c）スラブの抵抗

図 2.1.16 露出柱脚におけるせん断抵抗機構の付与

基礎コンクリート柱型を立ち上げ，その柱型に柱脚を設置しようとする場合には，コンクリート部の破壊を防止するために設計上の留意が必要となる〔図 2.1.17〕．アンカーボルトからの応力伝達に伴うコンクリートの破壊には，引張力に対するコーン状破壊と，せん断力に対するコーン状破壊である側方破壊があり，それぞれのアンカーボルト 1 本あたりの耐力は，【合成指針】より（2.1.21）式，（2.1.22）式で表される．

$$p_{a2} = \phi_2 \cdot {}_c\sigma_t \cdot A_c \tag{2.1.21}$$

記号

p_{a2}：コーン状破壊により定まるアンカーボルト1本あたりの許容引張力

ϕ_2：低減係数（短期荷重用：2/3）

$_c\sigma_t$：コーン状破壊に対するコンクリートの引張強度で，$_c\sigma_t=0.31\sqrt{F_c}$ とする

F_c：基礎コンクリートの設計基準強度

A_c：コーン状破壊面の有効水平投影面積で，$A_c=\pi \cdot l_{ce} \cdot (l_{ce}+D_a)$ を基本とする

l_{ce}：アンカーボルトのコンクリート内への有効埋込み長さ

D_a：アンカーボルト頭部（定着板）の直径

$$p_{a3}=\phi_2 \cdot {_c\sigma_t} \cdot A_{qc} \tag{2.1.22}$$

記号

p_{a3}：定着したコンクリート躯体のコーン状破壊（側方破壊）により決まる場合のアンカーボルト1本あたりの許容せん断力

A_{qc}：せん断力方向の側面におけるコーン状破壊面の有効投影面積で，
$A_{qc}=0.5 \cdot \pi \cdot c^2$ とする

c：はしあき寸法（応力方向の縁端距離）

複数本のアンカーボルト群としての耐力を考える場合，複数本のアンカーボルトによって得られる有効投影面積によって耐力が決まるが，相互に干渉している有効投影面積は，重複して耐力計算に算入できないことに注意が必要である．また，引張力に対しては，柱型を立ち上げると，図2.1.17(a)に示すように，引抜きに対するコーン状破壊面の有効水平投影面積が切り欠かれることになり，欠損した有効投影面積の分だけ引張耐力が低下することになる．

せん断力についても，柱型を立ち上げると，図2.1.17(b)に示すようにせん断力に対して前方にあるアンカーボルトははしあき距離が小さくなり，側方破壊面に対する有効投影面積を確保しにくくなる．側方破壊は，アンカーボルトから鉄筋コンクリート断面へとせん断力を伝達する過程で生じる破壊であり，柱型を鉄筋コンクリート造の柱としてせん断耐力を検討しただけでは検討が不十分であることを見逃しやすい．また，側方破壊面を通るように補強筋を配しても，補強筋が効き始めるのはひび割れが発生した後である[2.1.14),2.1.15)]ため，十分なせん断抵抗を付与するためには，縁端部のコンクリートの体積を確保しておくことが重要となる．

せん断力に対する複数本のアンカーボルトによる抵抗を考える際，後方にあるアンカーボルトも同様に有効投影面積を求めると，後方は前方よりせん断耐力が大きく取れる．しかし，側方破壊は脆性的な破壊現象であるため，それぞれの有効投影面積に応じて求めた前方と後方のアンカーボルト群のせん断耐力を合算することはできない．設計上は，アンカーボルトの負担せん断力が等しいとし，前方のアンカーボルトのせん断耐力にアンカーボルトの本数を乗じ，柱脚部のせん断耐力を求めることになる．なお，前方のアンカーボルトの側方破壊に対する有効投影面積が相互に干渉する場合には，まず前方のアンカーボルト群としてのせん断耐力を求め，後方のアンカーボルト群も前方と等しいせん断力を負担している状態を仮定し，両者の和を柱脚部のせん断耐力とする．

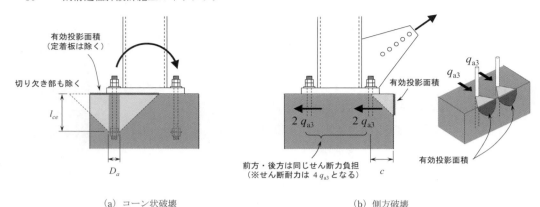

図 2.1.17 柱型(基礎コンクリート立上げ部)に設置された露出柱脚のコーン状破壊と側方破壊

その他,実際にブレースを露出柱脚に取り付ける場合,非構造部材の納まりやスチフナとアンカーボルトの干渉回避などを理由として,ブレースを水平方向や鉛直方向に偏心させて取り付けることがある〔図2.1.18〕.このような場合には,偏心による付加曲げモーメントを作用応力の算定に考慮する必要がある.具体的には,水平方向に偏心して取り付けた場合には,偏心距離 e_y に応じたねじりモーメント M_z と対象構面の直交方向への曲げモーメント M_x を,また鉛直方向に偏心して取り付けた場合には,偏心距離 e_z に応じた曲げモーメント M_y を考慮する.

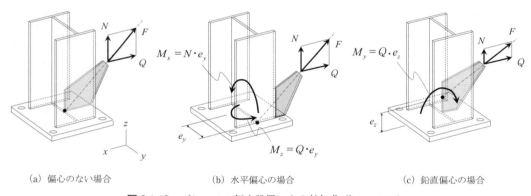

図 2.1.18 ブレースの偏心設置による付加曲げモーメント

(3) 軸方向耐力
1) 降伏軸方向耐力
露出柱脚の軸方向耐力は,圧縮時と引張時で異なる.降伏圧縮軸方向耐力は,ベースプレートが接触する基礎コンクリートの降伏支圧耐力とする.すなわち,ベースプレートの接触面積に基礎コンクリートの降伏支圧強度を乗じたものである.ここで,基礎コンクリートの降伏支圧強度には $2/3\,F_c$ (F_c:基礎コンクリートの設計基準強度)を用いる.一方,降伏引張軸方向耐力は,全アンカーボルトの降伏引張耐力の和とする.

2) 最大軸方向耐力

最大圧縮軸方向耐力は，ベースプレートと基礎コンクリートとの間の最大支圧耐力とする．ここで基礎コンクリートの支圧強度 F_b には $0.85 F_c$ を用いる．一方，最大引張軸方向耐力は，全アンカーボルトの最大引張耐力の和とする．

2.1.4 設 計 例
【露出柱脚の設計例1】

鉄骨柱（□-350×350×16　BCR295）に圧縮力 $N=506$ kN，曲げモーメント $M=297$ kN·m せん断力 $Q=99$ kN が作用しているときの柱脚を設計する．ここでは，柱脚に塑性変形を期待する設計とし，アンカーボルトは JIS B 1220，ABR400 の M30 を用いる．コンクリートの設計基準強度は，$F_c=24$ N/mm² とする．柱脚の詳細を図 2.1.19 のように仮定する．

（1）弾性剛性の算定

$n_t=3$ 本，$A_b=594$ mm²，$D=650$ mm，$d_c=175$ mm，$l_b=600+50+50=700$ mm，$d_t=250$ mm

$$K_{BS}=\frac{E \cdot n_t \cdot A_b(d_t+d_c)^2}{2l_b}=\frac{205\times10^3\times3\times594\times(250+175)^2\times10^{-6}}{2\times700}$$

$$=4.71\times10^4 (\text{kN}\cdot\text{m/rad})$$

（2）降伏耐力の算定

1）準備計算

　a）応力状態の判別

中立軸が引張側アンカーボルト重心位置より外側かを判定するために，曲げモーメント M を等価な偏心圧縮力に置換した時の偏心距離 e と断面の核（圧縮力を作用させたときに断面に引張力が発生しない範囲）を調べる．

$$e=\frac{M}{N}=\frac{297\times10^3}{506}=587 \text{ mm}$$

$d_t'=D/2-d_t=75$ mm，$d=575$ mm

アンカーボルト位置の応力がゼロとなるときの偏心距離 e'（図心からの断面核の外端までの距離）は，次式で表される．

$$e'=\frac{D}{6}+\frac{d_t'}{3}=\frac{650}{6}+\frac{75}{3}=133 \text{ mm} < e$$

したがって，アンカーボルトに引張力が作用する．

　b）中立軸の位置 x_n の計算

$$x_n^3+3\left(e-\frac{D}{2}\right)x_n^2-\frac{6n\cdot a_t}{B}\left(e+\frac{D}{2}-d_t'\right)(D-d_t'-x_n)=0$$

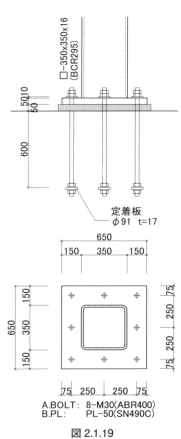

図 2.1.19

記号

n：コンクリートに対する鋼材のヤング係数の比で，慣用値として $n=15$ が用いられている．

a_t：引張側アンカーボルトの総断面積（mm²）

上記算定式から，中立軸位置 x_n を求める．

$x_n = 253$ mm

なお，x_n は，図 2.1.11 の計算図表より求めることもできる．

2) 断面設計

a) アンカーボルトの降伏耐力

アンカーボルトに作用する引張力 T は，次式によって求められる．

$$T = \frac{N(e - D/2 + x_n/3)}{D - d_t' - x_n/3} = \frac{506 \times (587 - 650/2 + 253/3)}{650 - 75 - 253/3} = 357 \text{ kN}$$

引張側アンカーボルトの降伏耐力 $_aP_y$ は，3-M30 を使用しているので，

$_aP_y = 3A_{be} \cdot F_{by} = 3 \times 561 \times 235 \times 10^{-3} = 396$ kN $_aP_y > T$ ゆえに OK

b) 基礎コンクリートの圧縮応力度 σ_c の検討

σ_c は，次式から求められる．

$$\sigma_c = \frac{2N(e + D/2 - d_t)}{B \cdot x_n(D - d_t' - x_n/3)} = \frac{2 \times 506 \times 10^3 \times (587 + 650/2 - 75)}{650 \times 253(650 - 75 - 253/3)} = 10.5 \text{ N/mm}^2$$

コンクリートの短期許容応力度 $_cf_c$ とすると，

$$_cf_c = \frac{2}{3} F_c = \frac{2 \times 24}{3} = 16 \text{ N/mm}^2$$

$$\frac{\sigma_c}{_cf_c} = \frac{10.5}{16.0} = 0.66 < 1.0 \quad \text{ゆえに} \quad \text{OK}$$

c) せん断降伏耐力

せん断降伏耐力を Q_y とすれば，

$Q_y = 0.4(N + T) = 0.4 \times (506 + 357) = 345$ kN > 99 kN   ゆえに OK

d) ベースプレートの検討

柱フランジから外に突出した圧縮側部分を片持梁と見なして検討する．

ここで，$S_d = 150$ mm，$w = \sigma_c = 10.5$ N/mm²（等分布とする），ベースプレートの材質は SN490C，板厚さ $t = 50$ mm とする．

単位幅 1 mm あたりについて，

$$_bM_y = Z_y \cdot {_bF_y} \times \frac{1.5}{1.3} = 417 \times 295 \times \frac{1.5}{1.3} \times 10^{-6} = 0.142 \text{ kN·m}$$

$$Z_y = \frac{1}{6}(t)^2 = \frac{1}{6} \times (50)^2 = 417 \text{ mm}^3$$

$$_bM = \frac{1}{2} w \cdot (S_d)^2 = \frac{1}{2} \times 10.5 \times (150)^2 \times 10^{-6} = 0.118 \text{ kN·m}$$

$_bM_y > {_bM}$ ゆえに OK

次に，引張側部分においては，ベースプレートの面外曲げ剛性を十分確保するために，ベースプレートはアンカーボルト軸部が降伏するまで降伏しないようにする〔図 2.1.20 参照〕．

$a = 75$ mm, $b = 2 \times 75 + 30 = 180$ mm,

$$P = A_b \cdot F_{by} = 594 \times 235 \times 10^{-3} = 140 \text{ kN}$$

$$_bM = P \cdot a = 140 \times 75 \times 10^{-3} = 10.5 \text{ kN·m}$$

$$Z_y = \frac{1}{6} \times b(t)^2 = \frac{1}{6} \times 180 \times (50)^2 = 75 \times 10^3 \text{ mm}^3$$

$$_bM_y = Z_y \cdot {_bF_y} \cdot \frac{1.5}{1.3}$$

$$= 75 \times 10^3 \times 295 \times \frac{1.5}{1.3} \times 10^{-6} = 25.5 \text{ kN·m}$$

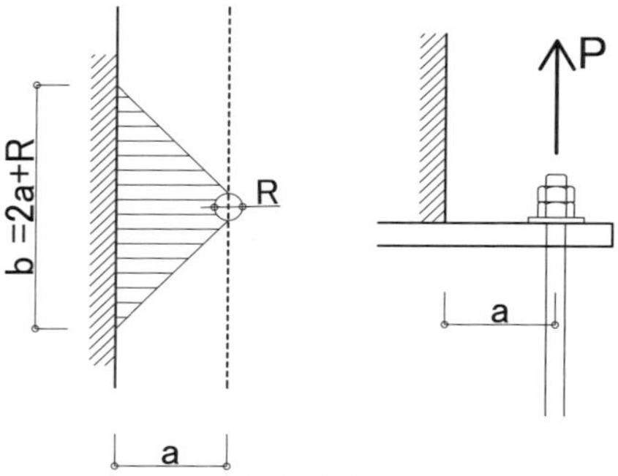

図 2.1.20

$_bM_y > {_bM}$ ゆえに OK

（3）全塑性曲げ耐力の検討

柱の圧縮力は $N = 506$ kN とし，柱脚の全塑性曲げ耐力を求める．

1） 全塑性曲げ耐力の算定

$$N_u = 0.85 \cdot B \cdot D \cdot F_c = 0.85 \times 650 \times 650 \times 24 \times 10^{-3} = 8\,619 \text{ kN}$$

$$T_p = n_t \cdot A_b \cdot F = 3 \times 594 \times 235 \times 10^{-3} = 419 \text{ kN}$$

$N_u - T_p \geq N > -T_p$ であるから，本文（2.1.17）式を用いる．

$$_{cb}M_y = T_p \cdot d_t + \frac{(N+T_p)D}{2}\left(1 - \frac{N+T_p}{N_u}\right)$$

$$= 419 \times 250 \times 10^{-3} + \frac{(506+419) \times 650}{2}\left(1 - \frac{506+419}{8\,619}\right) \times 10^{-3}$$

$$= 373 \text{ kN·m}$$

2） 全塑性曲げ耐力時のせん断耐力の算定

$N_u - T_p \geq N > -T_p$ であるから，摩擦力により抵抗するせん断力は，

$$Q_{fu} = 0.5(N+T_p) = 0.5 \times (506+419) = 463 \text{ kN}$$

一方，アンカーボルトのせん断力は，

$$Q_{bu} = n_c \cdot A_b \cdot F/(\sqrt{3}) = 3 \times 594 \times 235/(\sqrt{3}) \times 10^{-3} = 242 \text{ kN}$$

したがって，本文（2.1.20）式より

$$Q_u = \max\{Q_{fu}, Q_{bu}\} = 463 \text{ kN}$$

（4）アンカーボルトの定着検討

アンカーボルトの定着は，【合成指針】に準じて，（2.1.6）式により検討する．定着した基礎コンクリートのコーン状破壊により決まる場合の耐力 $_fT_u$ は，次式により求めることができる．

$$_jT_u = \phi_2 \cdot {}_c\sigma_t \cdot A_c$$

記号

ϕ_2：低減係数（短期荷重用：2/3）

${}_c\sigma_t$：コーン状破壊に対するコンクリートの引張強度で，${}_c\sigma_t = 0.31\sqrt{F_c}$ とする．

F_c：基礎コンクリートの設計基準強度（N/mm²）

A_c：コンクリートのコーン状破壊面の有効投影面積

アンカーボルト断面積 $= 706.5$ mm²

$$A_c = 726\,962 - 706.5 \times 3 = 724\,842 \text{ mm}^2$$

$$_jT_u = (2/3) \times 0.31 \times (\sqrt{24}) \times 724\,842 \times 10^{-3} = 734 \text{ kN}$$

ここで，終局時のアンカーボルト引張力 P_{bu} は，軸部降伏引張耐力に $\alpha_b = 1.15$ の耐力上昇係数を乗じた値とする．

$$\alpha_b \cdot T_p = \alpha_b \cdot n_t \cdot A_b \cdot F_{by} = 1.15 \times 3 \times 594 \times 235 \times 10^{-3} = 482 \text{ kN}$$

$_jT_u > \alpha_b \cdot T_p$ となる．ゆえにコーン状破壊は生じない．

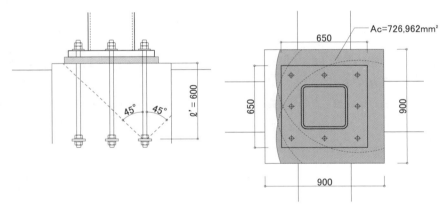

図 2.1.21

【露出柱脚の設計例2】ブレース付柱脚　（引張降伏するブレース）

ブレースは通常，地震力等の水平荷重の方向により圧縮力および引張力がともに作用する．本設計においては，細長比の大きいブレース（引張ブレース）をたすき掛け配置とし，引張側ブレースのみに耐力を期待し，圧縮側のブレースを無視して設計を行う．

鉄骨柱（H-250×250×9×14　SS400）に長期圧縮力 $N_L=240$ kN が作用しているときの柱脚を設計する．柱脚に塑性変形を期待する設計とし，アンカーボルトは JIS B 1220，ABR490 の M24 を用いる．コンクリートの設計基準強度は，$F_c=24$ N/mm² とする．柱脚の詳細を図 2.1.22 のように仮定する．

ブレース　2L-100×100×7　（SS400）

$A_e=2×\{1\,362-22×7\}=2\,416$ mm²

降伏引張耐力（N_y）

$N_y=A・F_y=2\,416×235×10^{-3}=568$ kN

ブレース接合部の接合係数として $α=1.25$ を採用する（SS400，母材破断）．

$_jN_a=α・N_y=1.25×568=710$ kN

ブレースの引張力 710 kN に対して接合部各部を降伏耐力以内に留める方針にて設計する．

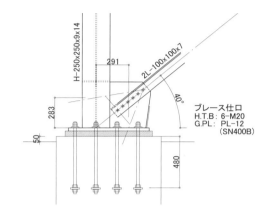

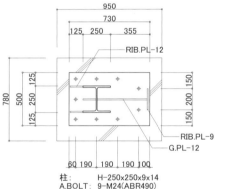

図 2.1.22

（1）ガセットプレート端の隅肉溶接の検討

溶接サイズ 8.0 mm，両面溶接

のど厚　$a=S/(\sqrt{2})=8×/(\sqrt{2})=5.66$ mm

鉛直方向有効溶接長さ l

（溶接長さースカラップー片側サイズ）

$l=283-35-8=240$ mm

$Q_{u1}=2\,l・_wq_y=2\,l・(1+0.4\cosθ)a・F_y・/(\sqrt{3})$
$=2×240×(1+0.4\cos40°)×5.66×235×1/(\sqrt{3})×10^{-3}=482$ kN

水平方向有効溶接長さ l（溶接長さースカラップー片側サイズ）

$l=291-35-8=248$ mm

$Q_{u2}=2\,l・_wq_y=2\,l・(1+0.4\cosθ)a・F_y・/(\sqrt{3})$
$=2×248×(1+0.4\cos50°)×5.66×235/(\sqrt{3})×10^{-3}=479$ kN

$Q_u=Q_{u1}+Q_{u2}=961$ kN >608 kN　ゆえに　OK

（2）アンカーボルトの検討

水平方向の伝達　　$R_h=710×\cos40°=544$ kN

鉛直方向の伝達　　$R_V=710×\sin40°=456$ kN

アンカーボルトに生じる引張力の合計　　　$\Sigma T = R_v - N_L = 456 - 240 = 216$ kN

アンカーボルトに生じるせん断力の合計　　　$\Sigma Q = 544$ kN

アンカーボルト群の図心と柱心は，偏心している．この距離 e は，柱心に対する各ボルト位置の1次モーメントの総和を総ボルト本数で割ることにより，以下のように求まる．

用語　　X_i：柱心からの距離

n_i：柱心から X_i 距離にあるアンカーボルトの本数

$e = (\Sigma n_i \cdot X_i)/(\Sigma n_i)$

$\quad = \{3 \times (-190) + 2 \times (0) + 2 \times (190) + 2 \times (380)\} \times (1/9) = 63.3$ mm

アンカーボルト群の図心に対する断面2次モーメント

$I_b = \{3 \times (-190 - 63.3)^2 + 2 \times (-63.3)^2 + 2 \times (190 - 63.3)^2 + 2 \times (380 - 63.3)^2\} \times A_e$

$\quad = 433\,200 \cdot A_e$ mm^4

アンカーボルトの断面

$A_e = 353$ mm^2

柱に作用する引張力とアンカーボルト群の図心の偏心により生じるモーメントは，

$M = e \cdot \Sigma T = 63.3 \times 216 = 13\,673$ kN mm

この曲げによる最外端ボルトの付加軸力は，

左端列部　　$p_e = M/\{(I_b/A_e)/X\} = 13\,673/\{433\,200/(190 + 63.3)\} = 8.0$ kN/本

右端列部　　$p_e = M/\{(I_b/A_e)/X\} = 13\,673/\{433\,200/(63.3 - 380)\} = -10.0$ kN/本

アンカーボルト　9-M24（ABR490）

1本あたりのせん断力　　　$q = \Sigma Q/n = 544/9 = 60.4$ kN/本

1本あたりの平均引張力　　　$p_0 = \Sigma T/n = 216/9 = 24.0$ kN/本

偏心配置を考慮したアンカーボルトの引張力

左端列部　　$p = p_0 + p_e = 24.0 + 8.0 = 32.0$ kN/本

右端列部　　$p = p_0 + p_e = 24.0 - 10.0 = 14.0$ kN/本

したがって，引張力は左端列のアンカーボルトで最大となる．

アンカーボルトの降伏引張耐力　　$p_{by} = A_e \cdot F_{by} = 353 \times 325 \times 10^{-3} = 115$ kN

アンカーボルトの降伏せん断力　　$q_{by} = A_e \cdot F_{by}/(\sqrt{3}) = 353 \times 325/(\sqrt{3}) \times 10^{-3} = 66.2$ kN

$(p/p_{by})^2 + (q/q_{by})^2 = (32.0/115)^2 + (60.4/66.2)^2 = 0.91 < 1.0$　ゆえに　OK

（3）基礎コンクリートの圧縮応力度の検討

圧縮力　$N = R_v + N_L = 456 + 240 = 696$ kN

（安全側として引張力と同じブレース軸力を考慮）

柱周囲のベースプレート直下の 500×500 の範囲を有効と考えて検討する．

支圧面積　$A = 500 \times 500 = 250\,000$ mm^2

直下のコンクリート圧縮応力度　$\sigma_c = N/A = 696\,000/250\,000 = 2.78$ N/mm^2

コンクリートの短期許容応力度　${}_cf_c = 2/3\,F_c\,(= 16$ N/mm$^2)$

$\sigma_c < {}_cf_c$　ゆえに　OK

(4) ベースプレートの検討

ベースプレートに作用する圧縮力は直下のコンクリート圧縮応力度を採用し，$w=2.78\,\text{N/mm}^2$ とする．

単位幅あたりのベースプレートに作用する曲げモーメント

$$_bM = 2.78 \times (125)^2 \times 1/2 = 21\,719\,\text{Nmm/mm}$$

単位幅あたりのベースプレート降伏曲げ耐力

$$Z = 1.0 \times (32)^2 / 6 = 171\,\text{mm}^3/\text{mm}$$

$$_bM_y = (_bF_y/1.3) \times 1.5 \times Z = (325/1.3) \times 1.5 \times 171 = 64\,125\,\text{Nmm/mm}$$

$_bM < {_bM_y}$ ゆえに OK

ベースプレートの曲げモーメントが生じる引張側の検討は，アンカーボルトの最大引張力 32.0 kN/本に対して検討を行う．

$a=65\,\text{mm}$，有効幅 $b=60+65+24=149\,\text{mm}$，$P=32.0\,\text{kN}$

$$_bM = P \cdot a = 32.0 \times 65 \times 10^{-3} = 2.08\,\text{kN}\cdot\text{m}$$

$$Z_y = \frac{1}{6} \times b(t)^2 = \frac{1}{6} \times 149 \times (32)^2 = 25 \times 10^3\,\text{mm}^3$$

$$_bM_y = Z_y \cdot {_bF_y} \cdot \frac{1.5}{1.3}$$

$$= 25 \times 10^3 \times 325 \times \frac{1.5}{1.3} \times 10^{-6} = 9.3\,\text{kN}\cdot\text{m}$$

$_bM < {_bM_y}$ ゆえに OK

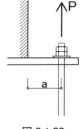

図 2.1.23

(5) アンカーボルトの定着の検討

アンカーボルトの定着は，【合成指針】に準じて検討する．定着した基礎コンクリートのコーン状破壊により決まる場合の耐力 $_jT_u$ は，次式により求めることができる．なお，基礎コンクリートの側方破壊は，アンカーボルトのコンクートかぶり厚さが十分なため，検討を省略する．

$$_jT_u = \phi_2 \cdot {_c\sigma_t} \cdot A_c$$

記号

ϕ_2：低減係数（短期荷重用：2/3）

$_c\sigma_t$：コーン状破壊に対するコンクリートの引張強度で，$_c\sigma_t = 0.31\sqrt{F_c}$ とする．

F_c：基礎コンクリートの設計基準強度（N/mm²）

A_c：コンクリートのコーン状破壊面の有効投影面積

アンカーボルト断面積 $=452\,\text{mm}^2$

アンカーボルトのコーン投影面積は基礎柱型全断面積を有効とするため，柱型面積と同じとして算定する．また，アンカーボルトが群で配置されているため，有効断面は安全側を考慮して全アンカー本数を差し引く．

$$A_c = 780 \times 950 - 452 \times 9 = 736\,932\,\text{mm}^2$$

$$_jT_u = (2/3) \times 0.31 \times (\sqrt{24}) \times 736\,932 \times 10^{-3} = 746\,\text{kN}$$

$_jT_u > \Sigma T (= R_V - N_L = 456 - 240 = 216\,\text{kN})$ ゆえに OK

【参考文献】

2.1.1) 秋山　宏，山田　哲，高橋　誠，桂　大輔，木村克次，矢幡秀介：露出型柱脚の実大振動台実験，日本建築学会構造系論文集，No.514，pp.185-192，1998.12
2.1.2) 緑川光正，小豆畑達哉，石原　直，和田　章：地震応答低減のためベースプレートを浮き上がり降伏させた鉄骨架構の動的挙動，日本建築学会構造系論文集，No.572，pp.97-104，2003.10
2.1.3) 加藤　勉，佐藤邦昭，鈴木宏一，山田俊一，富田昭夫，田上　淳：鋳鋼製柱脚金物 HIBASE を用いた露出型柱脚の研究（その5），日本建築学会大会学術講演梗概集，pp.1223-1224，1984.10
2.1.4) 木村　衛，油川真広，石田和人：アンカーボルトの引抜挙動に関する研究（その1，2），日本建築学会大会学術講演梗概集，pp.1373-1376，1983.9
2.1.5) 木村　衛，油川真広，石田和人：アンカーボルトの引抜挙動に関する研究（その3，4），日本建築学会大会学術講演梗概集，pp.1241-1244，1984.10
2.1.6) 1995年兵庫県南部地震 鉄骨造建物被害調査報告書，日本建築学会近畿支部鉄骨構造部会，1995
2.1.7) 国土技術政策総合研究所，建築研究所：2015年版　建築物の構造関係技術基準解説書，2015.6
2.1.8) 石田孝徳，山田　哲，久保田航平：露出型柱脚を有する鋼構造剛接骨組の Ds 値再評価，日本建築学会構造系論文集，No.720，pp.357-367，2016.2
2.1.9) 秋山　宏，高橋　誠：鋼構造剛接骨組の耐震性に及ぼすバウシンガー効果の影響，日本建築学会構造系論文集，No.418，pp.49-57，1990.12
2.1.10) 山田　哲，石田孝徳，島田侑子：局部座屈を伴う角形鋼管柱の劣化域における履歴モデル，日本建築学会構造系論文集，No.674，pp.627-636，2012.4
2.1.11) 日本鋼構造協会：建築構造用アンカーボルトを用いた露出柱脚設計施工指針・同解説，2009.10
2.1.12) 向出静司，元木洸介，北川智也，多田元英：局部座屈による耐力劣化を考慮した多層鋼構造ラーメン骨組の倒壊解析，日本建築学会構造系論文集，No.685，pp.579-588，2013.3
2.1.13) 秋山　宏：鉄骨柱脚の耐震設計，技報堂出版，1985
2.1.14) 浅田勇人，吉敷祥一，山田　哲：鉄骨造露出型柱脚における鉄筋コンクリート基礎・アンカー系の側方破壊挙動，日本建築学会構造系論文集，No.654，pp.1517-1525，2010.8
2.1.15) 浅田勇人，吉敷祥一，山田　哲：鉄筋コンクリート基礎立上部に設置した引張ブレース付露出型柱脚のせん断抵抗能力，日本建築学会構造系論文集，No.665，pp.1347-1356，2011.7

2.2　根巻き柱脚の設計

2.2.1　設計の基本

（1）概説

　根巻き柱脚は，鋼柱の脚部を鉄筋コンクリートによって根巻きすることによって，柱脚の耐力・剛性を高めることができる柱脚であり，固定柱脚に近い柱脚を実現できる．ただし，鋼柱と根巻き鉄筋コンクリート間の応力伝達メカニズムは複雑であり，十分に明らかとなっていない部分もある．そこで，設計・施工にあたっては，鋼柱および根巻き鉄筋コンクリート部の寸法および補強法に十分な配慮が必要となる．ここでは設計で留意する基本的な事項の解説を行う．

　根巻き柱脚では，図2.2.1に示すとおり，根巻き鉄筋コンクリート天端からベースプレート下面までを柱脚とし，根巻き鉄筋コンクリート天端からベースプレート下面（基礎（梁）上端位置）までの距離を根巻き高さ l_k と呼ぶ．

　根巻き柱脚も露出柱脚と同様に，鋼柱に対する相対的な耐力が埋込柱脚に比べて低くなる傾向があるため，鋼柱の塑性化を積極的に期待した設計（柱ヒンジ型）が行われる例は少なく，柱脚の塑性変形に期待した設計（柱脚ヒンジ型）が指向されることが多い．このとき重要となるのは，柱

脚に塑性変形能力を期待できる破壊モードを先行させることである．

根巻き柱脚の破壊形式は，図2.2.2に示す5種類に類別できる．(a)は根巻き鉄筋コンクリート部が健全で鋼柱下部が降伏する形式である．(b)は根巻き鉄筋コンクリートの曲げ破壊である．(c)は根巻き鉄筋コンクリート側面に斜めせん断ひび割れが生じる根巻き鉄筋コンクリート部のせん断破壊である．(d)は根巻き部上端に生じる支圧力によるコンクリートの割裂破壊である．かぶり厚さが小さく，根巻き頂部帯筋が少ない場合に生じる破壊である．(e)は引張側主筋の付着割裂破壊である．

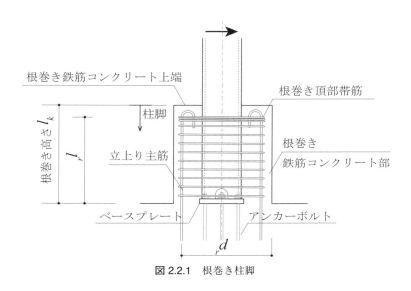

図 2.2.1　根巻き柱脚

(c)～(e)のような破壊は変形能力に乏しく，柱脚の塑性変形能力を期待するためには，(a)または(b)の破壊モードを実現する設計を目標とする必要がある．

図2.2.3に復元力特性の例を示す．根巻き柱脚は，鉄筋コンクリート部材のような復元力特性を示す．根巻き頂部に生じる支圧力によるせん断ずれや主筋とコンクリートの付着の消失により，スリップ型の復元力特性を示す場合も多く，頂部帯筋が少ないもの，立上り主筋のフックがないものでは最大耐力以降の耐力劣化も著しく，エネルギー吸収能力に乏しいものとなる．一方，適切な配筋，特に頂部における補強を適切に行えば，曲げ降伏型の破壊モードが実現でき，大変形時においても耐力の劣化が小さく，安定した挙動を示すことが可能である．

柱脚に塑性変形能力を期待できる破壊モードを実現するためには，急激な耐力低下が生じる根巻き鉄筋コンクリート部の破壊を先行させず，鋼柱が軸力を考慮した全塑性モーメント $_cM_{pc}$ に達し，塑性ヒンジが形成される〔図2.2.2(a)〕ことが原則望ましいが，現実的には柱サイズが大きくなると根巻き高さも高くなるので，この条件を満足することが困難となる．この場合には，根巻き鉄筋コンクリートの曲げ降伏〔図2.2.2(b)〕を先行させ，根巻き鉄筋コンクリート部について，次節に示す各項を満足する設計を行う必要がある．

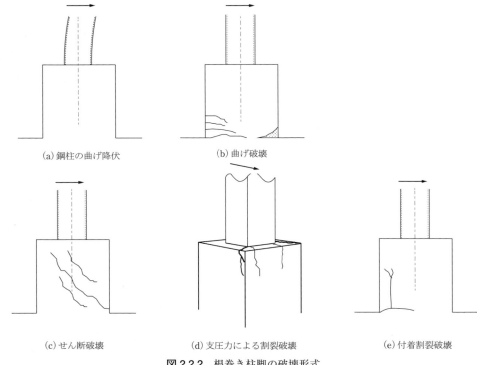

図 2.2.2　根巻き柱脚の破壊形式

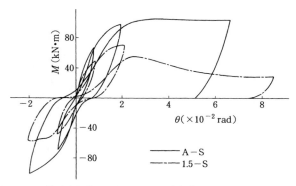

A—S：曲げ破壊型　1.5—S：せん断破壊型
図 2.2.3　根巻き柱脚の復元力特性[2.2.1)]

(2) 根巻き鉄筋コンクリート部の設計における留意事項

1) 根巻き高さ l_k が低い場合，根巻き鉄筋コンクリート部に作用するせん断力が大きくなることや主筋の定着力の不足，さらには剛性の確保に難点があるため，根巻き高さ l_k は，柱せいの 2.5 倍以上かつ $_rl/_rd \geqq 1$（$_rl$：ベースプレート下面から根巻き鉄筋コンクリート最上部帯筋までの距離，$_rd$：圧縮縁から引張主筋重心までの距離）として設計する．また，根巻き鉄筋コンクリート部の断面は，せん断破壊が生じることなく曲げ破壊が生じるように，図 2.2.4 に示す有効断面を確保する．

2) 根巻きコンクリートの立上り主筋の付着力や主筋端部の定着力が不足すると，引張主筋が降伏する以前に主筋の抜け出しや耐力低下が生じやすい．したがって，立上り主筋は頂部にフックを設け，根巻き鉄筋コンクリート内の長さを $25\,d_b$（d_b：鉄筋の呼び名の数値）以上確保する必要がある．

3) 根巻き鉄筋コンクリートのせん断補強筋（帯筋）が少ない場合には，図 2.2.2(c) に示すような斜めひび割れが顕著に表れ，脆性的なせん断破壊に至る可能性がある．これを防止するために十分な帯筋を配置する必要があり，少なくとも通常の鉄筋コンクリート柱と同程度のせん断補強筋を配置する必要がある．この設計については，【RC 規準】に準じて行うとよい．

4) 図 2.2.2(d) に示す支圧力によるひび割れを防止するとともに，柱からのせん断力を根巻き鉄筋コンクリートに円滑に伝達するため，通常の帯筋のほかに，特に主筋頂部にはせん断補強筋を密に配筋し，少なくとも複数を束ねて配置する必要がある．

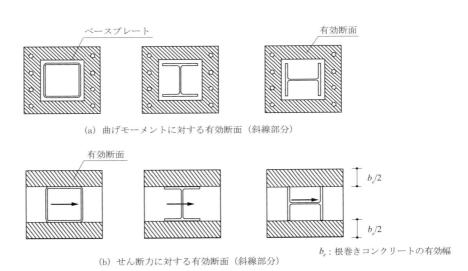

図 2.2.4 根巻き鉄筋コンクリートの有効断面

2.2.2 曲げ剛性

根巻き柱脚部を含む柱の初期剛性は，根巻き鉄筋コンクリート部の抵抗が鋼柱にさらに加わるので，ベースプレート下面を固定とした鋼柱の剛性よりも大きくなることが実験によって確認されている．ひび割れの進展に伴い剛性は低下するが，上記の基本事項を満足していれば，ひび割れ後の剛性の低下は小さい．この場合の柱の弾性剛性は根巻き鉄筋コンクリート部分を無視し，図 2.2.5 に示すとおり，鋼柱のベースプレート下面を固定として評価できる．

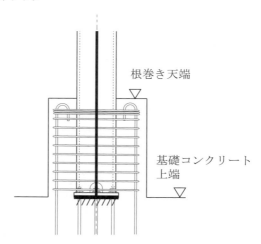

図 2.2.5　柱脚のモデル化

2.2.3　耐　　力

　鋼柱の応力は，根巻き鉄筋コンクリート部において鋼柱と根巻き鉄筋コンクリート間に作用する支圧力，付着力および摩擦力によって伝達される〔図 2.2.6〕．通常，付着力は低い荷重レベルで消失する．また，摩擦力は支圧力および鋼柱の表面処理などによって変化するもので，その定量化が行えるときのみ有効である．したがって，鋼柱からの軸力は，圧縮軸力についてはベースプレートと基礎コンクリートの支圧力によって伝達され，引張軸力についてはアンカーボルトによって伝達されるものと考えて設計するのが基本である．鋼柱からの曲げモーメントおよびせん断力は，鋼柱から主に支圧力として伝達される．したがって，鋼柱から根巻き部へ切り替わる根巻き部頂部付近には支圧力が集中することになるので，根巻き鉄筋コンクリートの応力は，図 2.2.7(b) に示すように仮定して設計する．このとき，図 2.2.7(c) のとおり，根巻き鉄筋コンクリートには，てこ

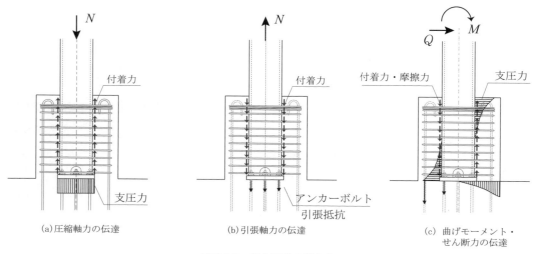

図 2.2.6　応力伝達の考え方

の作用により鋼柱の柱せん断力よりも大きなせん断力 Q_r が作用することになる．頂部付近では，このせん断力を鋼柱から根巻き鉄筋コンクリートに円滑に伝達する必要があり，これが集中的に帯筋を配筋する理由である．上記以外にもスタッドを鋼柱に設けることによっても応力伝達を期待できるが，この応力伝達はある程度のずれ変形を生じた後でしか期待できないため，変形と応力伝達特性の関係が定量化できない場合は，その効果を期待した設計は行わないものとする．

(1) 曲げ耐力

1) 降伏曲げ耐力

根巻き柱脚の降伏曲げ耐力 M_y は，許容応力度計算等に用いるもので，ベースプレート下面における根巻き鉄筋コンクリート部の曲げ降伏によって決まるものである〔(2.2.1) 式〕．このとき，ベースプレート下面位置では，曲げモーメントを根巻き鉄筋コンクリートが全て負担するものとして評価する．この理由は，一般にベースプレート下面とコンクリートの間の隙間や，アンカーボルトの弛緩などにより，主筋の降伏に比べてアンカーボルトによる抵抗が遅れて発揮される傾向にあるからである．曲げ耐力の算定にあたっては，図2.2.4(a) に示す曲げモーメントに対する根巻き鉄筋コンクリートの有効断面を用いる．根巻き鉄筋コンクリートの引張鉄筋比が釣合い鉄筋比以下であれば，下式による．

$$M_y = a_t \cdot F_{ry} \cdot {}_rj \tag{2.2.1}$$

記号

a_t：引張鉄筋の断面積

F_{ry}：主筋の降伏強さ

${}_rj$：根巻き鉄筋コンクリートの応力中心間距離 ${}_rj = (7/8) \cdot {}_rd$ とする．

根巻き鉄筋コンクリートの引張鉄筋比が釣合い鉄筋比を超えるときは，【RC規準】に準拠して設計する．

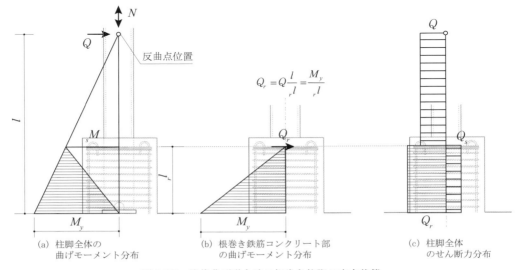

図 2.2.7　降伏曲げ耐力時の根巻き柱脚の応力状態

2) 全塑性曲げ耐力

根巻き柱脚の全塑性曲げ耐力 M_p は，柱脚に塑性変形を期待する設計（柱脚ヒンジ型）では，部材の全塑性モーメントに対応する指標として用いられ，柱ヒンジ型の設計では，鋼柱の十分な塑性化を検討するために必要となる接合部耐力として用いられる．柱ヒンジ型の設計では，根巻き柱脚の全塑性曲げ耐力 M_p は，図2.2.8に示す最上部帯筋位置の曲げモーメントが鋼柱の全塑性モーメント $_cM_{pc}$ に達するときのベースプレート下面の曲げモーメント M_{p1}，または根巻き鉄筋コンクリートの終局曲げ耐力に露出柱脚の全塑性曲げ耐力 M_{p3} を累加した M_{p2} のいずれか小さい方とする．全塑性曲げ耐力は，降伏曲げ耐力よりもさらに変形が進んだ後に発揮される耐力であるため，ベースプレートおよびアンカーボルトの抵抗による曲げ耐力（露出柱脚の曲げ耐力）M_{p3} を加算する．

$$M_p = \min\{M_{p1}, M_{p2}\} \quad (2.2.2)$$

$$M_{p1} = {}_cM_{pc}/(1 - {}_rl/l) \quad (2.2.3)$$

$$M_{p2} = 0.9 \cdot a_t \cdot F_{ry} \cdot {}_rd + M_{p3} \quad (2.2.4)$$

M_{p3}：露出柱脚の柱軸力を考慮した全塑性曲げ耐力〔2.1.3項を参照〕

一方で，柱ヒンジ型の設計では，鋼柱が十分な塑性変形を発揮するまでに，接合部が破壊しないことが条件となるので，M_{p2} を柱脚の最大曲げ耐力 M_u と置き換え，M_u が M_{p1} に接合部係数 α を乗じた曲げモーメント以上となる必要があり，(2.2.5)式が条件式となる．

$$M_u \geq \alpha \cdot M_{p1} \quad (2.2.5)$$

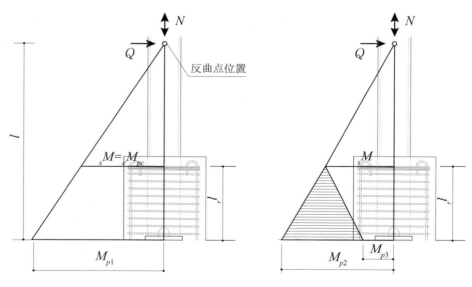

(a) 最上部帯筋位置が
　柱の全塑性モーメントに到達したとき

(b) 根巻き部ベースプレート下面が
　全塑性曲げ耐力に到達したとき

図2.2.8　全塑性曲げ耐力時の根巻き柱脚の応力状態

(2) せん断耐力
1) 降伏せん断耐力

根巻き柱脚の降伏せん断耐力 Q_y は，許容応力度計算等において用いるものであり，図2.2.7に示すように，根巻き鉄筋コンクリート部が負担するせん断力 Q_r に対して，鉄筋コンクリートの斜めせん断ひび割れの進行とともに発生するせん断破壊や，支圧力による頂部付近の鉄筋コンクリートの割裂破壊を防止するために必要な耐力として与えられたもので，【RC規準】に示される短期許容せん断力の算定式を修正したものである〔(2.2.6)式〕．降伏せん断耐力の算定にあたっては，図2.2.4(b)に示すせん断力に対する根巻き鉄筋コンクリートの有効断面を用いる．

$$Q_y = b_e \cdot {}_r j (F_{csy} + 0.5 F_{wy} \cdot p_w) \tag{2.2.6}$$

記号
- b_e：根巻きコンクリートの有効幅〔図2.2.4参照〕
- F_{csy}：コンクリートの降伏せん断強度で，コンクリートの短期許容せん断応力度を用いる
- F_{wy}：せん断補強筋（帯筋）の降伏強さ
- p_w：せん断補強筋比 $p_w = a_w/(b_e \cdot x)$ $p_w \geq 1.2\%$ のとき $p_w = 1.2\%$ として計算する．
- a_w：1組のせん断補強筋の断面積
- x：せん断補強筋の間隔

2) 最大せん断耐力

根巻き柱脚の最大せん断耐力 Q_u は，これまで実験結果に基づきさまざまな耐力評価式が示されているが，【接合部指針】では，上記の全塑性曲げ耐力 M_p を発揮する以前に，根巻き鉄筋コンクリート部の脆性的な破壊〔図2.2.2(c)，(d)〕を防止するための条件式として規定している．

$$Q_u = Q_y + \frac{M_{p3}}{{}_r l} \tag{2.2.7}$$

$$Q_u \geq \frac{M_p}{{}_r l} \tag{2.2.8}$$

柱ヒンジ型の設計では，(2.2.8)式における M_p を $\alpha \cdot M_{p1}$ として，検定を行う．

(3) 軸方向耐力

根巻き柱脚の軸方向耐力は，図2.2.6(a)，(b)に示す応力伝達に基づき算定するので，露出柱脚と同様に，圧縮軸方向耐力はベースプレートの支圧耐力，引張軸方向耐力は全アンカーボルトの引張耐力の和とする．

2.2.4 設計例

鋼管柱（□-250×250×12，鋼種 BCR295）の根巻き柱脚について，柱脚ヒンジ型の設計を行う．アンカーボルトは4-M16（ABR400），コンクリートの基準強度 F_c は 21 N/mm² とする．柱の反曲点高さ $l(=M/Q=120/60)=2$ m とし，柱脚の詳細を図2.2.9のように仮定する．

鋼管柱の諸元は，以下のとおりとする．
- 鋼管の塑性断面係数 　　　　　　　　　$Z_p = 959 \times 10^3$ mm³

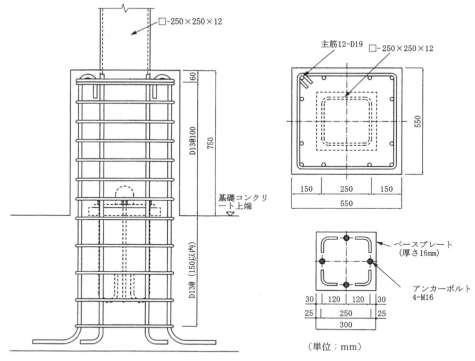

図 2.2.9 柱脚の詳細

- 断面積 　　　　　　　　　　　　　$A = 109.3 \times 10^2 \text{ mm}^2$
- 降伏強さ 　　　　　　　　　　　　$F_y = 295 \text{ N/mm}^2$
- 降伏軸力 　　　　　　　　　　　　$N_y = A \cdot F_y = 3\,224 \text{ kN}$
- 全塑性曲げモーメント（軸力は0） 　$_cM_p = Z_p \cdot F_y = 283 \text{ kN·m}$
- 軸力を考慮した全塑性曲げモーメント 　$_cM_{pc}$〔【塑性指針】を参照〕

根巻き鉄筋コンクリート部の諸元は，以下のとおりとする．

- 幅 　　　　　　　　　　　　$_rb = 550 \text{ mm}$
- せい 　　　　　　　　　　　$_rD = 550 \text{ mm}$
- 有効せい 　　　　　　　　　$_rd = 495 \text{ mm}$
- 応力中心間距離 　　　　　　$_rj = 433 \text{ mm}$
- 根巻き高さ 　　　　　　　　$l_k = 750 \text{ mm}$
- 立上り主筋 　　　　　　　　4-D19(SD345)
- せん断補強筋 　　　　　　　□-D13@100(SD295A)

（1）降伏耐力

1) 曲げ降伏耐力の算定

（2.2.1）式を用いて計算する．

$$M_y = a_t \cdot F_{ry} \cdot {_rj} = 287 \times 4 \times 345 \times 433 \times 10^{-6} = 171 \text{ kN·m}$$

2) せん断降伏耐力の算定

本文の (2.2.6) 式を用いて計算する.

$$Q_y = b_e \cdot {}_r j (F_{csy} + 0.5\, F_{wy} \cdot p_w) = 300 \times 433 \times \left(1.05 + 0.5 \times 295 \times \dfrac{127 \times 2}{300 \times 100}\right) \times 10^{-3} = 299 \text{ kN}$$

3) 降伏圧縮軸方向耐力の算定

$$N_{cy} = B \cdot D \cdot \dfrac{2}{3} F_c = 300 \times 300 \times 14 \times 10^{-3} = 300 \times 300 \times 14 \times 10^{-3} = 1\,260 \text{ kN}$$

(2) 全塑性曲げ耐力

全塑性曲げ耐力時の柱の圧縮軸力は $N = 600$ kN とし,柱脚の全塑性耐力を求める.

根巻き柱脚の全塑性曲げ耐力は,(2.2.2)〜(2.2.4) 式による.ここで鋼柱の全塑性曲げモーメントは,${}_c M_{pc}$【塑性指針】により,以下のとおり求められる.

$$\dfrac{N}{N_y} = \dfrac{600}{3\,224} = 0.186 < \dfrac{A_w}{A} = 0.5 \text{ より}$$

$${}_c M_{pc} = \left\{1 - \dfrac{A^2}{(4 A_f + A_w) \cdot A_w} \cdot \left[\dfrac{N}{N_y}\right]^2\right\} \cdot {}_c M_p = (1 - 1.33 \times 0.186^2) \times 283 = 270 \text{ kN·m}$$

(2.2.3) 式より,

$$M_{p1} = \dfrac{{}_c M_{pc}}{\left(1 - \dfrac{{}_r l}{l}\right)} = \dfrac{270}{\left(1 - \dfrac{690}{2\,000}\right)} = 412 \text{ kN·m}$$

(2.2.4) 式中の M_{p3} は,露出柱脚の全塑性曲げ耐力として計算する.

$$N_u = 0.85 \cdot B \cdot D \cdot F_c = 0.85 \times 300 \times 300 \times 21 \times 10^{-3} = 1\,607 \text{ kN}$$

$$T_p = n_t \cdot A_b \cdot F_{by} = 1 \times 166 \times 235 \times 10^{-3} = 39 \text{ kN}$$

$N_u - T_p > N > -T_p$ であるから

$$M_{p3} = T_p \cdot d_t + \dfrac{(N + T_p) \cdot D}{2}\left(1 - \dfrac{N + T_p}{N_u}\right)$$

$$= 39 \times 120 \times 10^{-3} + \dfrac{(600 + 39) \times 300}{2}\left(1 - \dfrac{600 + 39}{1\,607}\right) \times 10^{-3} = 4.7 + 57.7 = 62.4 \text{ kN·m}$$

$$M_{p2} = 0.9 \cdot a_t \cdot F_{ry} \cdot {}_r d + M_{p3} = 0.9 \times 287 \times 4 \times 345 \times 495 \times 10^{-6} + 62.4 = 239 \text{ kN·m}$$

(2.2.2) 式より,

$$M_p = \min\{M_{p1},\ M_{p2}\} = 239 \text{ kN·m}$$

(3) 最大せん断耐力の算定

(2.2.7) 式より,

$$Q_u = Q_y + \dfrac{M_{p3}}{{}_r l} = 299 + 62.4/0.69 = 389 \text{ kN} > M_p/{}_r l = 239/0.69 = 346 \text{ kN·m} \qquad \text{OK}$$

【参考文献】

2.2.1) 平野道勝,穂積秀雄,伊藤倫夫:角形鋼管の根巻き柱脚に関する実験(その4),日本建築学会大会学術講演梗概集,pp.991-992,1985.10

2.3 埋込み柱脚の設計
2.3.1 設計の基本
（1）概説

埋込み柱脚は，柱脚の中で剛性および耐力を最も確保しやすい柱脚である．適切な埋込み深さと基礎梁の曲げ耐力を有する埋込み柱脚では，柱の最大曲げ耐力を伝達し，鋼柱下端部を塑性ヒンジとすることができる．一方，後述するように柱の建込み精度および基礎コンクリートの打設時等の施工計画に留意する必要があり，施工難度の高い形式である．

埋込み柱脚に生じる主な破壊形式を図2.3.1に示す．これらは，以下のように分類できる．

1) 鋼柱下端部の塑性化〔図2.3.1(a)〕

柱脚の耐力が鋼柱の耐力を十分に上回っている場合，柱の曲げ降伏により鋼柱下端部に塑性ヒンジが形成される．復元力特性は紡錘形となり，鋼柱の幅厚比が小さい場合には，柱脚の塑性変形能力に期待する設計が可能である．一般には，この破壊形式となるように設計する．

2) 基礎梁の曲げ破壊〔図2.3.1(b)〕

柱の曲げ耐力に比べて基礎梁の曲げ耐力が小さい場合，基礎梁の梁主筋が降伏し曲げ破壊を生じる．基礎梁の曲げ耐力を確保することによって，防止することができる．

3) 基礎コンクリートの支圧破壊〔図2.3.1(c)〕

図2.3.1(c)は，コンクリートの支圧破壊を示す．コンクリートの支圧破壊は，荷重を保持しながら変形することができる比較的延性的な性状を示す．ただし，復元力特性はスリップを伴う逆S字形となる．適切な埋込み深さを確保することによって，過大な支圧破壊を防止することができる[2.3.1)~2.3.3)]．

4) 基礎コンクリートのパンチングシヤー破壊〔図2.3.1(d)，(e)〕

図2.3.1(d)および(e)は，基礎コンクリートのパンチングシヤー破壊を示す．図2.3.1(d)の中柱柱脚では，埋込み深さが浅い場合や柱に引張軸力が作用する場合に生じやすい．図2.3.1(e)に示す側柱柱脚では，特に前面コンクリート（基礎梁の取り付いていない側）のパンチングシヤー破壊に対する注意が必要となる．図2.3.1(e)の(ⅰ)は，埋込み部下端を起点とするパンチングシヤー破壊であり，(ⅱ)は埋込み部上端を起点とするパンチングシヤー破壊である．端あき距離（図中のeの寸法）が小さい場合や埋込み深さの浅い場合に発生する[2.3.1),2.3.4)~2.3.7)]．これらの破壊は脆性的であり，亀裂の発生とともに急激な荷重低下を伴う．

（2）応力伝達機構

埋込み柱脚に作用する曲げモーメントMおよびせん断力Qは，図2.3.2(a)に示すように鋼柱フランジおよびベースプレートと基礎コンクリートとの間に生じる支圧力によって伝達される[2.3.1),2.3.3),2.3.7)]．このうち，埋込み深さが柱せいの2倍以上になると，ベースプレートと基礎コンクリートとの支圧力による曲げ抵抗の効果が小さくなることが報告されている[2.3.3)]．よって，後述する曲げ耐力の算定では，鋼柱フランジと基礎コンクリートとの支圧力により応力伝達がなされると仮定して，耐力式を導いている．

埋込み柱脚に作用する圧縮軸力$_cN$は，図2.3.2(b)に示すようにベースプレート下面と基礎コ

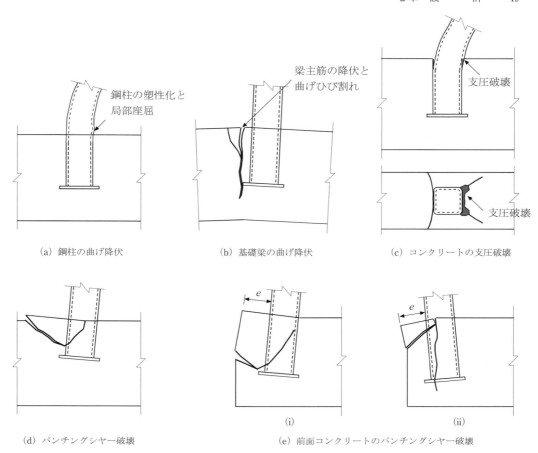

図 2.3.1 埋込み柱脚の主な破壊形式

ンクリートとの間に生じる支圧力によって伝達される．基礎コンクリートに伝達された圧縮力は，フーチングから地盤または杭基礎へと伝達される．一方，埋込み柱脚に作用する引張軸力 $_tN$ は，図 2.3.2(c) に示すようにベースプレート上面に作用する支圧力によって伝達される．鋼管柱でベースプレートの出寸法が小さく，ベースプレート上面における支圧耐力が不足する場合には，アンカーボルトおよび頭付きスタッドを用いて引張軸力に抵抗させる方法が考えられる．引張軸力は，図 2.3.2(c) に示すように基礎コンクリートのコーン状破壊を生じさせる場合がある．コーン状破壊の可能性がある場合には，ベースプレートにアンカーボルトを取り付け，引張軸力に抵抗させる．

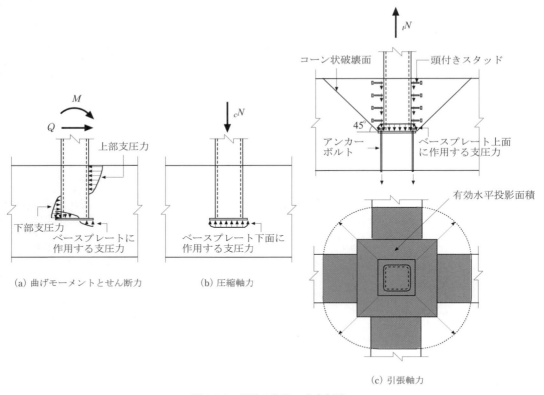

図 2.3.2 埋込み柱脚の応力伝達

2.3.2 剛　性

埋込み柱脚では，埋込み部の鋼柱と基礎コンクリートの間に生じる支圧力によって応力が伝達される．埋込み柱脚には，この支圧力によって生じる埋込み部鋼柱の変形および基礎コンクリートの支圧変形が生じるため，柱脚の固定度は，基礎コンクリート上端位置で完全固定として計算した場合に比べて若干低下する．柱脚の弾性剛性には，鋼柱の断面形状，断面寸法，埋込み深さおよび基礎梁寸法等が影響を与える．実験結果より，一般的な中低層建物の場合では，1.2 節で述べたように，柱の固定点を基礎コンクリート上端から $1.5D_c$ 下がった位置を固定としてモデル化することができる[2.3.3]〔図 1.2(c) 参照〕．

2.3.3 耐　力

（1）曲げ耐力

1）降伏曲げ耐力

降伏曲げ耐力 M_y は，鋼柱フランジと基礎コンクリートとの間に生じる支圧応力分布を図 2.3.3(a) のように三角形分布を仮定して求める[2.3.7]．降伏曲げ耐力は，基礎コンクリート上端に発生する支圧応力 σ_c をコンクリートの降伏支圧強度 F_{cy} ($=\dfrac{2}{3}F_c$，F_c：基礎コンクリートの設計基準強度）として求める．

支圧応力 σ_c と基礎コンクリート上端の位置における鋼柱の曲げモーメント M およびせん断力 Q との関係は，図 2.3.3(b) に示すように，鋼柱の幅 B_c と埋込み深さ d の寸法を持つ長方形断面の弾性時の断面計算と同じように求めることができる．すなわち，

$$\sigma_c = \frac{Q}{B_c \cdot d} + \frac{M + Q \cdot d/2}{B_c \cdot d^2/6} \tag{2.3.1}$$

ここで，図 2.3.3(b) に示すように基礎コンクリート上端から柱の反曲点までの高さを l とすると，$M = Q \cdot l$ となり，これを(2.3.1)式に代入すると下式が得られる．

$$Q = \frac{\sigma_c \cdot B_c \cdot d^2}{2(3l + 2d)} \tag{2.3.2}$$

$\sigma_c = F_{cy}$ とすると，降伏曲げ耐力 M_y および降伏曲げ耐力時のせん断力 Q_y が得られる．

$$M_y = \frac{F_{cy} \cdot B_c \cdot l \cdot d^2}{2(3l + 2d)} \tag{2.3.3}$$

$$Q_y = \frac{F_{cy} \cdot B_c \cdot d^2}{2(3l + 2d)} \tag{2.3.4}$$

2) 最大曲げ耐力

最大曲げ耐力 M_u は，鋼柱フランジと基礎コンクリートとの間に生じる支圧応力分布を図 2.3.3(c) のようにストレスブロックを仮定して求める[2.3.8]．最大曲げ耐力は，ストレスブロックの支圧応力 σ_c をコンクリートの最大支圧強度 $F_{cu}(=1.0F_c)$ として求める．

降伏曲げ耐力を求めた時と同様に，軸力と曲げを受ける長方形断面の全塑性モーメントの計算方法を用いて最大曲げ耐力を求める．

図 2.3.3(c)において，水平方向の力の釣合いは，下式で表される．

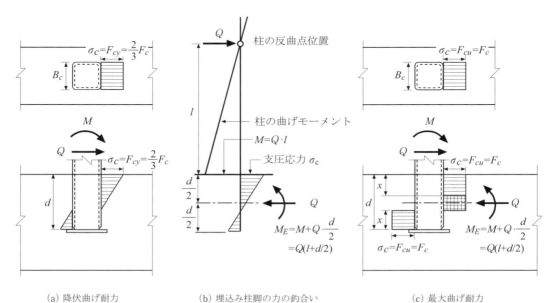

図 2.3.3　埋込み柱脚の曲げ耐力

$$Q = F_{cu} \cdot B_c \cdot (d - 2x) \tag{2.3.5}$$

埋込み深さの中心（基礎コンクリートから $d/2$ 下がった位置）回りのモーメントの釣合いは，下式で表される．

$$M_E = Q \cdot (l + d/2) = F_{cu} \cdot B_c \cdot x \cdot (d - x) \tag{2.3.6}$$

(2.3.5)式を(2.3.6)式に代入し，中立軸位置を表す x を求める．

$$x = (l + d) - \frac{1}{2}\sqrt{(2l + d)^2 + d^2} \tag{2.3.7}$$

(2.3.7)式を(2.3.5)式に代入して，最大曲げ耐力時のせん断力 Q_u が得られる．

$$Q_u = F_{cu} \cdot B_c \cdot \left\{\sqrt{(2l + d)^2 + d^2} - (2l + d)\right\} \tag{2.3.8}$$

最大曲げ耐力 M_u は，Q_u に l を乗じて，

$$M_u = F_{cu} \cdot B_c \cdot l \cdot \left\{\sqrt{(2l + d)^2 + d^2} - (2l + d)\right\} \tag{2.3.9}$$

ただし，幅厚比が【LSD 指針】による板要素の幅厚比区分 P—II ランク以下の角形鋼管柱の場合で管壁の局部変形に対する補剛がない時には，F_{cu} を $(2/3)F_c$ に低減する．冷間成形角形鋼管では，幅厚比 $B_c/t > 35$ 程度の場合が低減の対象となる．

（2）軸方向耐力

1) 圧縮耐力

降伏圧縮耐力 $_cN_y$ は，ベースプレートの面積に基礎コンクリートの降伏支圧強度を乗じて求める．

$$_cN_y = B \cdot D \cdot F_{cy} \tag{2.3.10}$$

記号

B：ベースプレートの幅，D：ベースプレートの高さ

最大圧縮耐力 $_cN_u$ は，ベースプレートの面積に基礎コンクリートの最大支圧強度を乗じて求める．

$$_cN_u = B \cdot D \cdot F_{cu} \tag{2.3.11}$$

2) 引張耐力

降伏引張耐力 $_tN_y$ は，ベースプレート上面の降伏支圧耐力とアンカーボルトの降伏引張耐力のうち，いずれか大きい方の値とする．引張軸力に対する抵抗は，初期の段階ではベースプレート上面の支圧力により伝達され，支圧変形の進行に伴いアンカーボルトが効き始める．両者の耐力を累加して評価する方法も考えられるが，両者の耐力発現の時期が異なるため，【接合部指針】では，安全側の措置として下式を与えている．ただし，アンカーボルトを適切にフーチングに定着する必要がある．

$$_tN_y = \max(A_{bpu} \cdot F_{cy}, n_{ab} \cdot p_{by}) \tag{2.3.12}$$

記号

A_{bpu}：ベースプレート上面において支圧反力が生じる部分の面積

n_{ab}：アンカーボルトの有効本数

p_{by}：アンカーボルト1本あたりの降伏引張耐力

最大引張耐力 $_tN_u$ は，ベースプレート上面の最大支圧耐力 $_tN_{u1}$，基礎コンクリートのコーン状破壊耐力 $_tN_{u2}$ およびアンカーボルトの最大引張耐力 $_tN_{u3}$ を考慮して求める．各耐力は，下式で表される．

$$_tN_{u1} = A_{bpu} \cdot F_{cu} \tag{2.3.13}$$

$$_tN_{u2} = \frac{2}{3} \cdot 0.31\sqrt{F_c} \cdot A_c \tag{2.3.14}$$

$$_tN_{u3} = n_{ab} \cdot p_{bu} \tag{2.3.15}$$

記号

A_c：基礎コンクリートのコーン状破壊面の有効水平投影面積〔図2.3.2(c) 参照〕

p_{bu}：アンカーボルト1本あたりの最大引張耐力

$_tN_{u1}$ および $_tN_{u2}$ は，基礎コンクリート側の破壊によって決定する耐力であり，両者のうちの小さい方がコンクリート側の最大耐力となる．$_tN_{u3}$ はアンカーボルトの破断によって決定する耐力であり，一般にコンクリート側の破壊が生じた後に発現する．したがって，【接合部指針】では，最大引張耐力を下式で与えている．

$$_tN_u = \max\{\min(_tN_{u1}, {_tN_{u2}}), {_tN_{u3}}\} \tag{2.3.16}$$

(3) その他の留意事項

1) 接合部係数と耐力の確保

埋込み柱脚では，埋込み部のコンクリートが先行して破壊する形式は，塑性変形能力確保の観点から見て好ましくない．したがって，埋込み柱脚の最大耐力を十分にとり，鋼柱下端に塑性ヒンジが形成されるように設計する．塑性変形能力を要求される梁端接合部と同様に，鋼柱下端の塑性変形能力に期待する設計では，下式を満足させる．

$$M_u \geqq \alpha \cdot {_cM_{pc}} \tag{2.3.17}$$

記号

α：接合部係数，$_cM_{pc}$：軸力を考慮した柱の全塑性モーメント

接合部係数 α の値は，柱のひずみ硬化による応力上昇を考慮した係数 ξ と材料強度のばらつきによる係数 β の積により表される．β については鋼材，コンクリートおよび鉄筋に関する材料変動が関与してくるため，明確でない点も多い．【接合部指針】では，α の目安として，400 N/mm² 級鋼の中柱に対して $\alpha=1.30$，490 N/mm² 級鋼の中柱に対して $\alpha=1.25$ を与えている．

埋込み深さが小さいとコンクリート側の破壊が生じやすくなり，弾性剛性も低下する．基礎コンクリートへの埋込み深さ d は，鋼柱の断面せい D_c の2倍以上を確保する．

2) 局部破壊の防止

埋込み部の幅方向の支圧応力の分布は，柱の断面形状および幅厚比等の影響を受け，実際には複雑な分布形となる．例えば，角形鋼管柱では，図2.3.4に示すように幅端部に支圧力が集中し，集中の程度は，柱の幅厚比に依存する．この支圧力の集中は，コンクリートの局部的な圧壊や鋼柱の局部変形をもたらす場合がある．これが，最大曲げ耐力算定時において，角形鋼管柱の幅厚比が大

きい場合に最大支圧強度 F_{cu} を低減する理由である．管壁の局部変形を防止するためには，図2.3.5に示すようにコンクリートを鋼管に充填する方法やダイアフラムにより補剛する方法が有効である．このような補剛を行えば，幅厚比が大きい場合においても，最大支圧強度 F_{cu} を低減する必要はない．

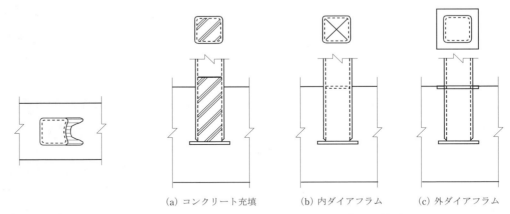

図 2.3.4 支圧力の集中と鋼管壁の局部変形

図 2.3.5 埋込み柱脚の補剛例

(a) コンクリート充填　(b) 内ダイアフラム　(c) 外ダイアフラム

3) 基礎梁主筋の降伏

埋込み柱脚に作用する曲げモーメント M およびせん断力 Q は，鋼柱フランジおよびベースプレートと基礎コンクリートとの間に生じる支圧力によって伝達される．一方，基礎梁端では，主筋に生じる引張力とコンクリートに生じる圧縮力により曲げモーメントを伝達している．

基礎梁端における応力状態を図2.3.6に模式的に示す．基礎コンクリート上部に生じる支圧力 C_R の一部は，上側主筋の引張力 T_{UR} が負担し，残りは基礎コンクリートに圧縮力として伝達される．すなわち，圧縮側の基礎梁主筋にも鋼柱からの支圧力に抵抗するために引張力が生じることに

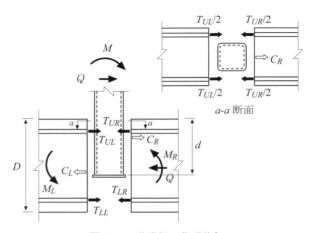

図 2.3.6 基礎梁の曲げ耐力

なる．接合部の右側断面では，支圧力 C_R，上側主筋の引張力 T_{UR} および下側主筋の引張力 T_{LR} によって，基礎梁端の曲げモーメント M_R と釣り合うことになる．同様に，接合部の左側断面では，鋼柱埋込み下部に発生する支圧力 C_L，上側主筋の引張力 T_{UL} および下側主筋の引張力 T_{LL} によって，基礎梁端の曲げモーメント M_L と釣り合うことになる．接合部左右の主筋の引張力の差は，付着力によって鋼柱側面のコンクリートに伝達し，パネルせん断力となる．

注意すべきは，左側断面の支圧力 C_L の位置である．鋼柱が基礎梁の下端まで埋め込まれている場合には，基礎梁のほぼ全断面が有効に働くので，【RC規準】に示されている降伏曲げモーメントおよび【RC靱性指針】に示されている終局曲げモーメントを用いて基礎梁の断面算定を行うことができる．一方，鋼柱が基礎梁下端まで埋め込まれていない場合では，埋込み部下端近傍に支圧力が発生するため，基礎梁全断面が有効には働かず，基礎梁の降伏曲げモーメント以下の荷重で主筋の降伏が生じ，図2.3.1(b)に示す破壊形式を生じさせる．したがって，左側の基礎梁の降伏曲げモーメントおよび終局曲げモーメントは，埋込み深さ d を基礎梁の全せいと考えて算定する必要がある[2.3.9]．

4) 側柱柱脚

側柱柱脚では，図2.3.1(e)に示す前面コンクリートのパンチングシヤー破壊を防止する必要がある．パンチングシヤー破壊耐力の算定方法がいくつか提案されている[2.3.1],[2.3.5],[2.3.7]が，鋼柱埋込み部周辺の補強筋の効果を含めた一般性のある耐力算定方法は確立されていない．はしあき距離を大きくする，埋込み深さを深くする，柱形コンクリートの断面寸法を大きくする，柱形帯筋により補強する，基礎梁上部およびベースプレート周辺にU形補強筋を配する等によりパンチングシヤー破壊耐力が大きくなるという報告がある[2.3.10]．

図2.3.7に示すU形補強筋を用いて，鉄筋の引張抵抗により埋込み柱脚の曲げ耐力を算定する方法[2.3.11]を以下に紹介する．

降伏曲げ耐力 M_y は，鉄筋の引張力と支圧応力分布を図2.3.8に示すように仮定して求める．図2.3.8(a)および(b)に示す加力方向に対して，降伏曲げ耐力は，それぞれ以下の式で表される．

・加力方向（a）

$$M_y = \left\{ T_y - \frac{3}{4}F_{cy} \cdot B_c \cdot (l+d) + \sqrt{\frac{9}{16}F_{cy}^2 \cdot B_c^2 \cdot (l+d)^2 - \frac{3}{2}F_{cy} \cdot B_c \cdot T_y(l+{}_td)} \right\} l \quad (2.3.18)$$

・加力方向（b）

$$M_y = \left\{ -\left(T_y + \frac{3}{4}F_{cy} \cdot B \cdot (l+d)\right) + \sqrt{\frac{9}{16}F_{cy}^2 \cdot B^2 \cdot l^2 + \frac{3}{2}F_{cy} \cdot B \cdot T_y(l+d-{}_td)} \right\} l \quad (2.3.19)$$

記号

T_y：補強筋の降伏引張耐力（$=a_t \cdot F_{ry}$）

a_t：補強筋の断面積の和

F_{ry}：補強筋の降伏強さ

${}_td$：基礎梁の上端から補強筋重心までの距離〔図2.3.8(a) 参照〕，または，埋込み下端から補強筋重心までの距離〔図2.3.8(b) 参照〕

ただし,補強筋量の増加によって曲げ耐力を確保するには限界がある.(2.3.18)式および(2.3.19)式による計算値は,中柱形式に適用される(2.3.3)式の計算値以下の範囲で有効と考えられる.

最大曲げ耐力 M_u は,鉄筋の引張力と支圧応力分布を図2.3.9に示すように仮定して求める.図2.3.9(a)および(b)に示す加力方向に対して,最大曲げ耐力は,それぞれ以下の式で表される.

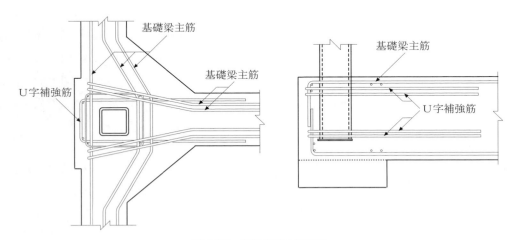

図 2.3.7 側柱柱脚の補強例

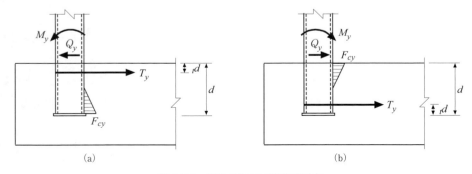

図 2.3.8 側柱柱脚の降伏曲げ耐力

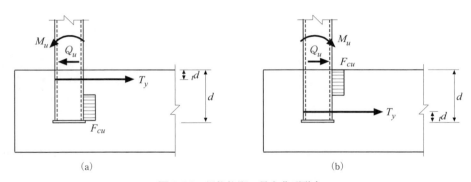

図 2.3.9 側柱柱脚の最大曲げ耐力

・加力方向（a）

$$M_u = F_{cu} \cdot B_c \cdot l \left\{ \frac{T_y}{F_{cu} \cdot B_c} - (l+d) + \sqrt{(l+d)^2 - \frac{2T_y(l+{}_td)}{F_{cu} \cdot B_c}} \right\} \quad (2.3.20)$$

・加力方向（b）

$$M_u = -(F_{cu} \cdot B_c \cdot l^2 + T_y \cdot l) + F_{cu} \cdot B_c \cdot l \sqrt{l^2 + \frac{2T_y(l+d-{}_td)}{F_{cu} \cdot B_c}} \quad (2.3.21)$$

降伏曲げ耐力の場合と同様に，(2.3.20) 式または (2.3.21) 式による計算値は，中柱形式に適用される (2.3.9) 式の計算値以下の範囲で有効と考えられる．

2.3.4 設計例

【埋込み柱脚の設計例】

鋼管柱（□-400×400×16，鋼種 BCP235）の埋込み柱脚を，中柱および側柱それぞれについて設計する．柱の反曲点高さ l は基礎梁上端から 2 000 mm の位置とし，最大曲げ耐力算定時の中柱柱脚の圧縮軸力は，$N=1\,500$ kN，側柱の引張側軸力は $N=-730$ kN，圧縮側軸力は $N=2595$ kN とする．また，基礎コンクリートの設計基準強度は 24 N/mm²，側柱の補強筋は SD345（$F_{ry}=345$ N/mm²）とする．

鋼管柱の諸元は，以下のとおりとする．

- ・断面積　　　　　　　　　　　　　　　　$A = 232.6 \times 10^2$ mm²
- ・断面係数　　　　　　　　　　　　　　　$Z = 2\,760 \times 10^3$ mm³
- ・塑性断面係数　　　　　　　　　　　　　$Z_p = 3\,280 \times 10^3$ mm³
- ・降伏強さ　　　　　　　　　　　　　　　$F_y = 235$ N/mm²
- ・降伏曲げモーメント　　　　　　　　　　${}_cM_{sy} = Z \cdot F_y = 649$ kN·m
- ・降伏曲げモーメントに相当するせん断力　${}_cQ_{sy} = {}_cM_{sy}/l = 324$ kN
- ・降伏軸力　　　　　　　　　　　　　　　${}_cN_{sy} = A \cdot F_y = 5\,466$ kN
- ・全塑性モーメント　　　　　　　　　　　${}_cM_p = Z_p \cdot F_y = 771$ kN·m
- ・軸力を考慮した全塑性モーメント　　　　${}_cM_{pc}$

${}_cM_{pc}$ は，【塑性指針】から以下のように求められる．

ⅰ）中柱

軸力比　$\dfrac{N}{{}_cN_{sy}} = \dfrac{1\,500}{5\,466} = 0.274 < 0.5$ より，

$${}_cM_{pc} = \left\{ 1 - \frac{A^2}{(4A_j + A_w)A_w} \left(\frac{N}{{}_cN_{sy}} \right)^2 \right\} {}_cM_p = 693 \text{ kN·m}$$

$A_j = \dfrac{1}{4}A$，$A_w = \dfrac{1}{2}A$ として算出する．

ⅱ）圧縮軸力作用時（側柱）

軸力比　$\dfrac{N}{{}_cN_{sy}} = \dfrac{2\,595}{5\,466} = 0.475 < 0.5$ より，

$$_cM_{pc} = \left\{1 - \frac{A^2}{(4A_f + A_w)A_w}\left(\frac{N}{_cN_{sy}}\right)^2\right\} {_cM_p} = 539 \text{ kN·m}$$

ⅲ）引張軸力作用時（側柱）

軸力比　　$\dfrac{N}{_cN_{sy}} = \dfrac{730}{5\,466} = 0.134 < 0.5$ より，

$$_cM_{pc} = \left\{1 - \frac{A^2}{(4A_f + A_w)A_w}\left(\frac{N}{_cN_{sy}}\right)^2\right\} {_cM_p} = 752 \text{ kN·m}$$

（1）中柱柱脚

埋込み深さを $d = 1\,100$ mm とする．柱脚の降伏曲げ耐力 M_y および最大曲げ耐力 M_u を（2.3.3）式，（2.3.9）式を用いて計算する．

1）降伏曲げ耐力

$$M_y = \frac{F_{cy} \cdot B_c \cdot l \cdot d^2}{2(3l + 2d)} = \frac{16 \times 400 \times 2\,000 \times 1\,100^2}{2 \times (3 \times 2\,000 + 2 \times 1\,100)} \times 10^{-6} = 944 \text{ kN·m}$$

$$\frac{M_y}{_cM_{sy}} = \frac{944}{659} = 1.46 > 1.0 \quad \text{OK}$$

2）最大曲げ耐力

$$M_u = F_{cu} \cdot B_c \cdot l \cdot \left\{\sqrt{(2l + d)^2 + d^2} - (2l + d)\right\}$$
$$= 24 \times 400 \times 2\,000 \times \left\{\sqrt{(2 \times 2\,000 + 1\,100)^2 + 1\,100^2} - (2 \times 2\,000 + 1\,100)\right\} \times 10^{-6}$$
$$= 2250 \text{ kN·m}$$

$$\frac{M_u}{_cM_{pc}} = \frac{2\,250}{693} = 3.25 > 1.3 \text{（接合部係数）} \quad \text{OK}$$

3）軸方向力に対する検討：省略

（2）側柱柱脚

図 2.3.10 に柱脚の詳細を示す．埋込み深さは $d = 1\,100$ mm，上端補強筋は 8-D25（$a_t = 4056$ mm²），下端補強筋は 8-D25（$a_t = 4\,065$ mm²）とする．上下ともU字補強筋を2段とする．

なお，柱軸力については，建物外部方向にせん断力を受ける場合には圧縮軸力が建物内部方向に，せん断力を受ける場合には引張軸力が作用している．

1）降伏曲げ耐力

ⅰ）建物外部方向にせん断力を受ける場合〔図 2.3.8(a)〕

梁上端から上端補強筋平均レベルまでの寸法は，$_td = 150$ mm とする．

上端補強筋の降伏引張耐力 T_y は，

$$T_y = a_t \cdot F_{ry} = 4\,056 \times 345 \times 10^{-3} = 1.40 \times 10^3 \text{ kN}$$

（2.3.18）式より，降伏曲げ耐力 M_y は以下のようになる．

$$M_y = \left\{T_y - \frac{3}{4} F_{cy} \cdot B_c (l + d) + \sqrt{\frac{9}{16} F_{cy}^2 \cdot B_c^2 (l + d)^2 - \frac{3}{2} F_{cy} \cdot B_c \cdot T_y (l + {_td})}\right\} l$$

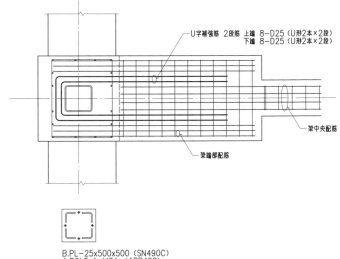

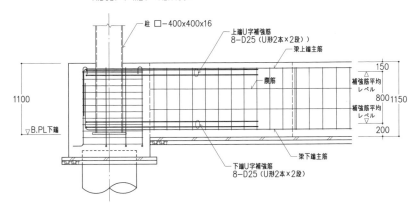

図 2.3.10 側柱柱脚の詳細

$$= \left\{ 1.40\times10^6 - \frac{3}{4}\times16\times400\times(2\,000+1\,100) \right.$$
$$\left. + \sqrt{\frac{9}{16}\times16^2\times400^2\times(2\,000+1\,100)^2 - \frac{3}{2}\times16\times400\times1.4\times10^6\times(2\,000+150)} \right\}$$
$$\times 2\,000\times10^{-6} = 790 \text{ kN·m}$$

$$\frac{M_y}{{}_cM_{sy}} = \frac{790}{649} = 1.22 > 1.0 \qquad \text{OK}$$

ii）建物内部方向にせん断力を受ける場合〔図 2.3.8(b)〕

埋め込まれた鋼柱下端から下端補強筋平均レベルまでの寸法は，${}_td = 1\,100 - (150+800) = 150$ mm とする．

下端補強筋の降伏引張耐力 T_y は，
$$T_y = a_t \cdot F_{ry} = 4\,056\times345\times10^{-3} = 1.40\times10^3 \text{ kN}$$

(2.3.19)式より，降伏曲げ耐力 M_y は以下のようになる．

$$M_y = \left\{-\left(\frac{3}{4}F_{cy} \cdot B_c \cdot l + T_y\right) + \sqrt{\frac{9}{16}F_{cy}^2 \cdot B_c^2 \cdot l^2 + \frac{3}{2}F_{cy} \cdot B_c \cdot T_y(l+d-{}_td)}\right\}l$$

$$= \left\{-\left(\frac{3}{4} \times 16 \times 400 \times 2\,000 + 1.40 \times 10^6\right)\right.$$

$$\left. + \sqrt{\frac{9}{16} \times 16^2 \times 400^2 \times 2\,000^2 + \frac{3}{2} \times 16 \times 400 \times 1.40 \times 10^6 \times (2\,000 + 1\,100 - 150)}\right\}$$

$$\times 2\,000 \times 10^{-6} = 961\text{ kN·m}$$

$$\frac{M_y}{{}_cM_{sy}} = \frac{961}{649} = 1.48 > 1.0 \qquad \text{OK}$$

2) 最大曲げ耐力

ⅰ）建物外部方向にせん断力を受ける場合〔図2.3.9(a)〕

(2.3.20)式より，最大曲げ耐力 M_u は以下のようになる．

$$M_u = F_{cu} \cdot B_c \cdot l\left\{\frac{T_y}{F_{cu} \cdot B_c} - l - d + \sqrt{(l+d)^2 - \frac{2T_y(l+{}_td)}{F_{cu} \cdot B_c}}\right\}$$

$$= 24 \times 400 \times 2\,000$$

$$\times \left\{\frac{1.40 \times 10^6}{24 \times 400} - 2\,000 - 1\,100 + \sqrt{(2\,000+1\,100)^2 - \frac{2 \times 1.40 \times 10^6 \times (2\,000+150)}{24 \times 400}}\right\}$$

$$\times 10^{-6} = 825\text{ kN·m}$$

建物外部方向にせん断力を受ける場合，柱には圧縮軸力が作用する．最大耐力時の圧縮軸力は 2595 kN であるので，この時の柱の全塑性モーメント ${}_cM_{pc}$ は 539 kN·m となる．したがって，

$$\frac{M_u}{{}_cM_{pc}} = \frac{825}{539} = 1.53 > 1.3 \text{（接合部係数）} \qquad \text{OK}$$

ⅱ）建物内部方向にせん断力を受ける場合〔図2.3.9(b)〕

(2.3.21)式より，最大曲げ耐力 M_u は以下のようになる．

$$M_u = -(F_{cu} \cdot B_c \cdot l^2 + T_y \cdot l) + F_{cu} \cdot B_c \cdot l\sqrt{l^2 + \frac{2T_y(l+d-{}_td)}{F_{cu} \cdot B_c}}$$

$$= \left\{-(24 \times 400 \times 2\,000^2 + 1.40 \times 10^6 \times 2\,000) + 24 \times 400 \times 2\,000\right.$$

$$\left.\times \sqrt{2\,000^2 + \frac{2 \times 1.40 \times 10^6 \times (2\,000+1\,100-150)}{24 \times 400}}\right\} \times 10^{-6} = 1\,129\text{ kN·m}$$

建物内部方向にせん断力を受ける場合，柱には引張軸力が作用する．最大耐力時の引張軸力は 730 kN であるので，この時の柱の全塑性モーメント ${}_cM_{pc}$ は 752 kN·m となる．したがって，

$$\frac{M_u}{{}_cM_{pc}} = \frac{1\,129}{752} = 1.50 > 1.3 \qquad \text{OK}$$

3) 軸方向力に対する検討

　a) 降伏軸方向耐力

　　降伏圧縮軸方向耐力 N_y は，(2.3.10) 式による．

　　　$N_y = 500 \times 500 \times 16 \times 10^{-3} = 4\,000$ kN

　b) 最大軸方向耐力

　i) 圧縮時

　　最大圧縮軸方向耐力 $_cN_u$ は，(2.3.11) 式による．

　　　$_cN_u = 500 \times 500 \times 24 \times 10^{-3} = 6\,000$ kN $> 2\,595$ kN　　OK

　ii) 引張時

　　最大引張軸方向耐力 $_tN_u$ は，(2.3.16) 式による．

　　　$_tN_u = \max\{\min(A_{bpu} \cdot F_{cu}, T_a), n_{ab} \cdot p_{bu}\}$
　　　　　$= \max\{\min[(500^2 - 400^2) \times 24 \times 10^{-3}, 1\,205], 4 \times 353 \times 400 \times 10^{-3}\}$
　　　　　$= \max\{\min(2\,160, 1\,205), 565\} = 1\,205$ kN > 730 kN　　OK

　　パンチングシヤー耐力 T_a は，ベースプレート上面の基礎コンクリートのコーン状破壊により決まる耐力であり，【合成指針】に準じて算出する．なお，F_c の単位は N/mm^2 である．

　　　$T_a = 0.31 \cdot \phi_1 \sqrt{F_c} \cdot A_c$

　　　$A_c = 1\,200^2 - 500^2 = 1.19 \times 10^6$ mm^2

　　　$T_a = 0.31 \times \dfrac{2}{3} \times \sqrt{24} \times 1.19 \times 10^6 \times 10^{-3} = 1\,205$ kN

　　記号

　　　ϕ_1：低減係数で【合成指針】に従い $\phi_1 = 2/3$ とする．

　　　A_c：コンクリートのコーン状破壊の水平投影断面積で，ここではベースプレート外側のフーチングの面積

　iii) ベースプレートの検討

　　ベースプレート単位幅あたりの曲げモーメントに対して検討する．ベースプレートの突出長さ s_d は図 2.3.11 のとおり 50 mm とし，突出部にコンクリートの最大支圧強度 F_{cu} に相当する支圧応力が作用している状態を仮定する．

　　　$Z = \dfrac{1}{6} \times 1 \times 25^2 = 104$ mm^3

　　　$\sigma = \dfrac{M}{Z} = \dfrac{3.0 \times 10^4}{104} = 288$ N/mm^2

　　　$\dfrac{\sigma}{\dfrac{F_y}{1.3} \times 1.5} = \dfrac{288}{\dfrac{325}{1.3} \times 1.5} = 0.78 < 1.0$　　OK

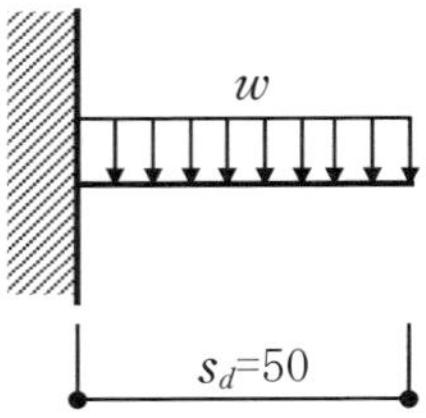

幅 1 mm あたり
$w = 24$ N/mm
$M = \dfrac{1}{2} \cdot w \cdot s_d^2$
　$= \dfrac{1}{2} \times 24 \times 50^2$
　$= 3.0 \times 10^4$ N·mm

図 2.3.11　ベースプレート曲げモーメント算出

【参考文献】

2.3.1)　秋山　宏：鉄骨柱脚の耐震設計，技報堂出版，1985

2.3.2) 中島茂壽, 五十嵐定義: 曲げモーメントとせん断力をうける角形鋼管柱の埋込み形式中柱柱脚部における力学性状: その1 実験計画と荷重-変形関係, 日本建築学会構造系論文報告集, No.366, pp. 106-118, 1986.8

2.3.3) 中島茂壽, 五十嵐定義: 曲げモーメントとせん断力をうける角形鋼管柱の埋込み形式中柱柱脚部における力学性状: その2 初期剛性と終局耐力および応力伝達機構, 日本建築学会構造系論文報告集, No.374, pp.63-76, 1987.4

2.3.4) 武田寿一, 高橋康彦: S造およびSRC造の建物の柱脚の実験的研究 (その3) 埋込型側柱柱脚の実験, 日本建築学会大会学術講演梗概集, pp.1811-1812, 1982.10

2.3.5) 武田寿一, 木村耕三, 高橋康彦: S造およびSRC造の建物の柱脚の実験的研究 (その4) 掘立式柱脚の実験, 日本建築学会大会学術講演梗概集, pp.1393-1394, 1983.9

2.3.6) 武田寿一, 小畠克朗, 高橋康彦, 木村耕三: S造およびSRC造の建物の柱脚の実験的研究 (その5) 埋込型側柱柱脚の破壊実験, 日本建築学会大会学術講演梗概集, pp.1245-1246, 1984.10

2.3.7) 森田耕次, 加藤 勉, 田中淳夫, 藤田典正: 埋込み形式柱脚の最大耐力に関する実験的研究, 日本建築学会構造系論文報告集, No.347, pp.65-74, 1985.1

2.3.8) 日本建築学会: 鋼管構造設計施工指針・同解説, 1990

2.3.9) 山本将真, 田中 剛, 浅田勇人, 富谷保彰: 埋込み柱脚基礎梁接合部の応力伝達機構 (その1), (その2), 日本建築学会大会学術講演梗概集, pp.679-682, 2014.9

2.3.10) 中島茂壽, 五十嵐定義: 曲げモーメントとせん断力をうける角形鋼管柱の埋込み形式隅柱柱脚部における力学性状, 日本建築学会構造系論文報告集, No.388, pp.86-99, 1988.6

2.3.11) 辻岡静雄, 井上一朗, 今井克彦, 平山 操: 角形鋼管側柱柱脚の剛性と耐力に関する実験的研究: 柱に密着するU形筋を用いた埋込み形式について, 日本建築学会構造系論文報告集, No.401, pp. 117-127, 1989.7

3章 施　工

3.1 アンカーボルトを用いた柱脚の施工
3.1.1 アンカーボルトの据付け保持

　柱脚部の鋼部材とコンクリート部材の接合には，アンカーボルトを用いることが多い．アンカーボルトは，用途により「構造耐力を負担させる構造用アンカーボルト」と「構造耐力を負担させない建方用アンカーボルト」の2種類に分けられる．

　構造用アンカーボルトの据付け保持方法はアンカーフレーム固定法〔図3.1.1(a)〕が一般的であり，アンカーボルトを用いた柱脚に広く採用されている．1台の柱脚について複数のアンカーボルトの配置を維持するように，アングル等の形鋼を組み合わせて構成したアンカーフレームを水平方向および垂直方向の位置を調整し，捨てコンクリートに固定する．このアンカーフレームは，コンクリート打設時の振動や衝撃に対しても移動や変形が生じないように堅固な構造とし，必要に応じて斜材等を設けて剛性を高める対応をとることもある．アンカーボルトの配置やアンカーボルトのピッチが複雑でさらに高い精度を必要とする場合には，箱抜き・ボルト後付け固定法を採用する場合〔図3.1.1(b)〕もあるが，孔壁の付着破壊を想定した設計とする必要がある．

　建方用アンカーボルトの据付け保持方法には，基礎鉄筋を利用して上から吊り下げて配置する固定法〔図3.1.2(a)〕や基礎の型枠とテンプレートを利用して上から吊り下げてアンカーボルトを配置する固定法〔図3.1.2(b)〕がある．これらの固定法では，アンカーボルトの水平・垂直方向の精度の確保が難しく，注意が必要である．また，基礎コンクリート打設後にアンカーボルトを据付け保持する方法として，あと施工アンカー固定法がある〔図3.1.2(c)〕.

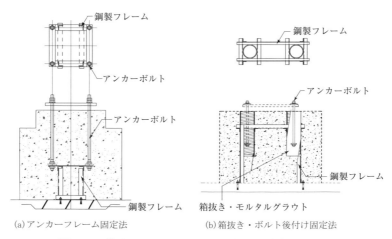

図3.1.1　構造用アンカーボルトの据付け保持方法

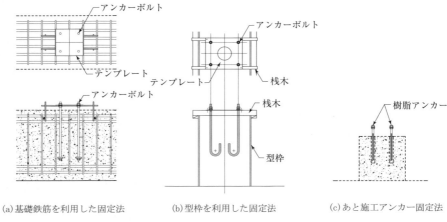

(a) 基礎鉄筋を利用した固定法　(b) 型枠を利用した固定法　(c) あと施工アンカー固定法

図 3.1.2　建方用アンカーボルトの据付け保持方法

3.1.2　ベースモルタルの施工

　ベースプレート下面のモルタル工法は，主に図 3.1.3 に示す 3 つの工法があげられる．

　図 3.1.3(a) に示す「後詰め中心塗り工法」は，建方時のベースプレート据付けレベルを確保する目的でベースプレート中心部にレベルモルタルを施工し，建方完了後にレベルモルタル周囲に側面から後詰めモルタルを充填する工法である．この工法は他の工法に比べて建入れ調整が容易であり，3 つの工法の中で最も多く採用されている．レベルモルタルは厚さ 30～50 mm，一辺 200 mm 以上の正方形または直径 200 mm 以上の円形とし，その大きさは建方時に柱脚に作用する応力に見合うものとする．後詰めモルタルには，ベースプレート下の全面に行きわたる十分に流動性のある無収縮グラウト材を用いる．

　図 3.1.3(b) に示す「全面後詰め工法」は，ベースプレートの裏側からレベルナットで支えて高さを調整し，建方完了後にベースプレート下に側面から後詰めモルタルを充填する工法である．この場合，建方時柱脚に作用する荷重をアンカーボルトとレベルナットのみで負担することとなるた

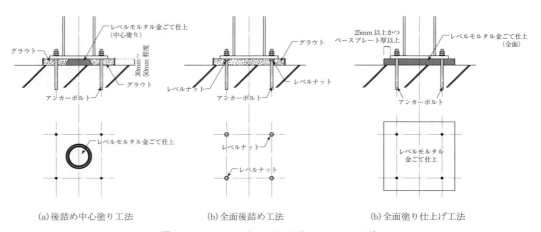

(a) 後詰め中心塗り工法　(b) 全面後詰め工法　(b) 全面塗り仕上げ工法

図 3.1.3　ベースプレート下面のモルタル工法

め，当該部位の強度や剛性を十分検討して採用すべきである．また，ベースプレート下にレベルナットがある場合，地震時にアンカーボルトが伸びて塑性化すると残留変位が生じ，ベースプレートが浮き上がった状態となる可能性があるため，地震被害後の補修が難しいことを認識しておく必要がある．

　図3.1.3(c)に示す「全面塗り仕上げ工法」は，あらかじめ金ごてを用いてベースプレート範囲全面のベースモルタルを平滑に仕上げ，建方時には硬化したモルタル上にベースプレートを直接セットする方法である．ベースプレート全面をベースモルタルに密着させる必要があるが，モルタルの平滑な仕上げとともにベースプレート自体を平滑に製作する必要がある．【技術指針・現場】によると，既往の実状調査では，入念に仕上げたモルタルの仕上げの不陸は±3mm程度，通常±5mm程度の報告例があり，ベースプレートの平滑度は，±2〜0.5mm程度の誤差が報告されている．実情を考慮すると本工法の採否は慎重に決定する必要があり，隙間が生じた場合の対策をあらかじめ検討し，決定しておく必要がある．

　本ガイドブックでは，一般的に普及している後詰め中心塗り工法について，その施工手順を解説する．

3.2　露出柱脚の施工
3.2.1　露出柱脚施工の特徴

　露出柱脚は，アンカーボルトを埋設した基礎コンクリートが完成した後，上部構造の建方・アンカーボルトの本締めにより柱脚工事が完了するので，コンクリート打設が一回でよい．このため工事期間の短縮が可能であり，また経済的メリットがある場合が多く，3種類の柱脚形式の中で最も使用比率が高い．

　アンカーボルトの設置時の精度確保が難しく，基礎コンクリート打設前に空中でアンカーボルトの平面方向の位置やレベル，垂直度を正確に保持する必要があるため，施工条件や作業方法に高度な技術が要求される．その施工精度よっては建方時にトラブルが発生する原因にもなるため，正しい施工方法の管理と実践が重要である．

3.2.2 露出柱脚施工の手順と解説

標準的な露出柱脚について，施工の流れを図3.2.1に示し，以下の項目ごとに解説する．

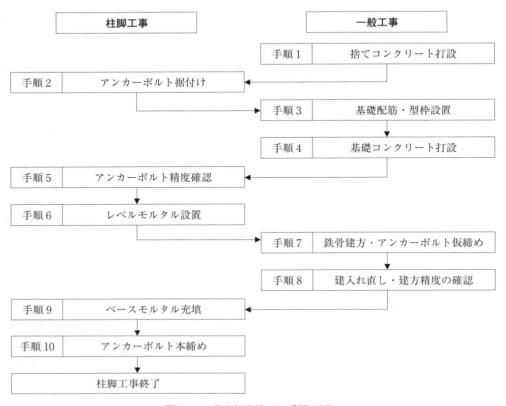

図 3.2.1 露出柱脚施工の手順（例）

（1）手順1　捨てコンクリート打設

アンカーフレームを設置する捨てコンクリートの上面仕上げは施工精度への影響が大きいため，金ごてにより水平・平滑に仕上げる．仮設架台固定用のあと施工アンカーの施工ができるように，捨てコンクリートの厚さは最低80 mm程度を確保する．捨てコンクリート打設後には，捨てコンクリート上に通り心の正確な墨出し，基礎形状，アンカーフレーム位置，記号等のマーキングを行う〔写真3.2.1参照〕．

手順2以降の柱脚工事施工にあたり，事前に確認，準備するべき事項を以下に示す．

1) 基礎造成工事の進捗状況，給電・給排水・作業車両搬入の経路，荷卸のスペースを確認する．
2) 基礎部掘削状況が柱脚工事施工作業に十分な深さや広さがあることを確認する．
3) 使用する溶接機，発電機電源等の漏電感電防止対策，作業による火災防止対策等を確認する．
4) 作業に必要な技能者の資格を確認する．

写真 3.2.1 捨てコンクリート上への通り心墨出し実施例

5) 現場において設置寸法・位置の検査測定等に使用するレベル・トランシット等の機器および通り心間隔等を測定するスチールテープ等が校正されていることを確認する．なお，墨出し，アンカーフレームの設置および建方が完了するまでの柱脚施工に関する一連作業について，同一の測定機器を使用することが望ましい．

6) アンカーボルトセット，アンカーフレーム等の工事部材の現場受入にあたり，確認すべき事項のチェックリストを事前に作成し，現品と設計図書で，寸法・数量等の間違いや漏れのないよう，受入検査を実施し合格したものを受け入れる．

7) 柱脚形状，設置高さが同一であるタイプごとに，アンカーフレームおよび仮設架台の詳細図を作成する．この図にはアンカーボルトレベル，捨てコンクリートレベルを明示する．

(2) 手順2 アンカーボルト据付け

アンカーフレーム固定法には，アンカーボルトをアンカーフレームの一部とする方法〔写真 3.2.2〕や，形鋼を組み合わせた斜材付きのアンカーフレームにアンカーボルトを固定する方法がある〔写真 3.2.3〕．アンカーフレームに必要な剛性を確保できるように，適切な方法を選択することが重要である．

ここでは，アンカーボルトをアンカーフレームの一部とするアンカーフレーム固定法について説明する．アンカーフレームは，ロの字形状のテンプレートをアンカーボルト上下のねじ部でナットにより締め込み，柱1台分のアンカーボルトを所定の間隔で保持する．下部テンプレートは定着板を兼ねることが可能であり，また，剛性を確保するためにアングル等の形鋼を用いる場合もある．アンカーフレームの下には仮設架台を構築し，アンカーフレームの正規位置への設置，固定を行い，基礎コンクリートにより固定されるまで位置を保持できるようにする〔図3.2.2参照〕．

アンカーフレームの組立てを現場施工時に行う場合と，工場で組立てを行った後に現場に搬入する場合がある．いずれも指定寸法に対して±1mm以内の精度となるようにテンプレートを製作し，アンカーフレームを組み立てる．組立ての際には，アンカーボルトへ溶接による加熱や打撃を行ってはならない．

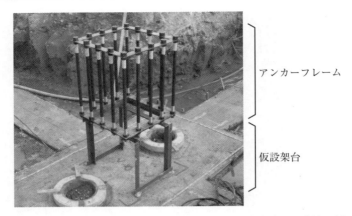

写真 3.2.2 アンカーボルトをアンカーフレームの一部とする固定法の例

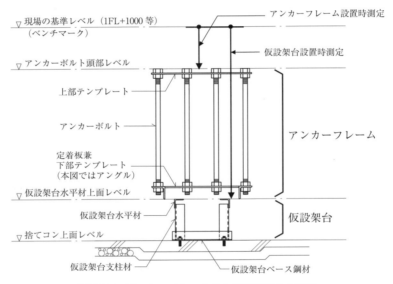

図 3.2.2 アンカーフレームおよび仮設架台の構成

写真 3.2.3 斜材付きのアンカーフレームによる固定法の例

写真 3.2.4　仮設架台ベース鋼材のアンカー固定，支柱材の溶接

写真 3.2.5　仮設架台支柱材に水平材上面レベルのマーキング

写真 3.2.6　仮設架台水平材の固定

アンカーフレーム設置作業時の位置精度確認用に、テンプレート上に通り心位置を打刻しておく．

仮設架台は，図3.2.2に示すとおり仮設架台ベース鋼材，支柱材，水平材で構成され，現場施工時に組み立てられることが一般的である．

以下に，仮設架台，アンカーフレームの設置作業について順に解説する．

仮設架台ベース鋼材の鋼板または形鋼を，捨てコンクリート上の通り心の墨出しに合わせてあと施工アンカーで固定し，仮設架台支柱材をベース鋼材に溶接する〔写真3.2.4参照〕．

現場の基準レベル（ベンチマーク）から、アンカーフレームを設置する仮設架台水平材上面レベルを測定し，仮設架台支柱にマーキングを行う〔写真3.2.5参照〕．

マーキングしたレベルに合わせ，仮設架台水平材を固定する．この時水平器等を用いて水平材の位置を確認し，仮止めした後に溶接で固定する〔写真3.2.6参照〕．

この仮設架台水平材は，アンカーフレームを正規のレベルに設置するために重要な役割を果たすものであるため，その固定作業には細心の注意を払う必要がある．

アンカーフレームは重量物であるため，ユニック車やクレーン車等の重機を使用して移動し，水平・垂直方向の位置を確認しながら仮設架台の上に仮置きする．アンカーフレームの上下テンプレートにゆがみが生じないように，4点角吊りとして丁寧に昇降する〔写真3.2.7参照〕．

写真 3.2.7 アンカーフレームの仮設架台への仮置き

アンカーフレームの上部テンプレートに打刻した通り心位置のうち，3か所以上から下げ振りを吊り下げ，捨てコンクリートに墨出しされた通り心位置に合わせながら，アンカーフレーム位置を調整する．通り心に対し柱心が偏心している場合は，偏心の方向と寸法に注意する．アンカーボルトの頭部高さを測定し，調整した上でアンカーフレームを仮設架台に仮止め固定する〔写真3.2.8参照〕．

上部テンプレート通り心の打刻と捨てコンクリート上通り心の墨出し位置を測量機器により測定し，平面位置の誤差が【JASS 6】付則6「鉄骨精度検査基準」による管理許容差 ±3 mm 以内であることを確認する．アンカーボルト頭部レベルについても測量機器により測定し，誤差が ±3 mm

写真 3.2.8 アンカーフレームの位置決め・仮止め固定

写真 3.2.9 アンカーフレーム位置確認・固定

以内であることが確認できれば,アンカーフレーム下部のテンプレートを仮設架台に溶接し,固定する〔写真 3.2.9 参照〕.

　実際の施工では,基礎コンクリート打設後の上部建方を考慮して,通り心とアンカーボルトのずれの管理許容差を ±1 mm 前後の高い精度で施工することが望ましい.

（3）手順 3　基礎配筋・型枠設置

　アンカーフレームの設置が完了すると,後工程である基礎の配筋および型枠の組立て作業が行われる.その際,アンカーボルトと基礎の鉄筋および型枠とは干渉させないことが原則であるが,実際にはこれらの作業時にアンカーフレームに位置ずれ,傾きおよびアンカーボルト頭部レベルのずれが生じてしまうことが多い.基礎コンクリート打設前の配筋検査と同時に,この時点で上部テンプレートへの打刻やレベルを測量して,アンカーボルト位置,桁行・梁間・対角寸法精度およびレベルが管理許容差以内であることを確認することが重要である〔写真 3.2.10 参照〕.

　もし,位置ずれ等の不具合があれば必要な修正を実施し,修正後に位置の確認を再度行う.修正作業時には,基礎梁鉄筋から反力をとる形で,アンカーフレーム上部テンプレートをターンバック

写真 3.2.10　配筋・型枠組立て後のアンカーボルト位置の確認

写真 3.2.11　コンクリート打設前のアンカーボルト位置ずれ修正

ル付き丸鋼を用いて引張力を作用させて位置修正を行うことが多い．基礎梁鉄筋への丸鋼の固定は鉄筋無溶接締結金物を用いることとし，この修正作業においても，アンカーボルトや鉄筋には溶接による熱影響を与えてはならない〔写真 3.2.11 参照〕．

　また，コンクリート打設前にはアンカーボルトのねじ・ナットに汚損や打撃傷等を負わせないよう，アルミホイルや養生テープ等で養生を行う．

（4）手順 4　コンクリート打設

　コンクリート打設時には，鉄筋および型枠の位置ずれの発生やアンカーボルトねじ部を養生して損傷させないことに留意するとともに，その発生原因となるコンクリート圧送ホースやバイブレーターの鉄筋およびアンカーフレームへの直接接触を回避する．

（5）手順 5　アンカーボルトの精度確認

　基礎コンクリート打設後，アンカーボルトの埋込み位置，頭部高さの精度を全数検査し，【JASS 6】付則 6「鉄骨精度検査基準」に示す管理許容差以内であることを確認する．検査結果が管理許容差を超えるが限界許容差以内である場合は，後工程となる鉄骨建方を支障なく行うことができ，

写真 3.2.12 レベルモルタルの設置

誤差を吸収できることの可否を確認し，合否を決定する．後工程での鉄骨建方，誤差吸収が不可能と判断される場合や，検査結果が限界許容差を超える場合は，工事監理者と協議の上，修正方法を決定する．

アンカーボルトは基礎コンクリートに固定されているため，位置，高さの修正は不可能であり，採用可能な修正手段が限られ，基礎の再施工などの対応が必要となる場合がある．

(6) 手順6　レベルモルタル設置

基礎コンクリート上面の水洗いや目荒しを行い，柱心位置に外径 200 mm 程度の範囲で，厚さ 30～50 mm 程度でレベルモルタルを施工する．レベルモルタルは，専用の固練りタイプのモルタル（パッド用）を使用し，養生期間は，メーカーの指定による日数（通常 3 日）以上を確保する．その後，モルタルのレベルを測定し，標準高さに対して【JASS 6】付則 6「鉄骨精度検査基準」による管理許容差 ±3 mm 以内であることを確認し，不合格の場合は再施工を行う〔写真 3.2.12 参照〕．

また，最近ではボルトナットを加工した鋼製のレベルモルタル代用品が市販されている．この場合，強度不足からの破損による鉄骨柱の転倒につながらないように，使用荷重制限など製品の強度について確認が必要である．

(7) 手順7　鉄骨建方・アンカーボルト仮締め

レベルモルタルを施工し，必要な養生期間経過後に鉄骨建方を開始する．ベースモルタル施工後にアンカーボルトを本締めするまでの間は，ナットを仮締めしておく．

(8) 手順8　建入れ直し・建方精度の確認

施工順序に応じて建物をいくつかの範囲に分けた工区等，ある程度まとまった範囲の鉄骨部材の取付けが終わった時点で，柱・梁の交点を結び，たすき状にかけたゆがみ直しワイヤロープを緊張することにより，柱の垂直度を修正する建入れ直しを実施する．【JASS 6】付則 6「鉄骨精度検査基準」に基づき，柱の倒れ等の検査を実施し建方精度を確認する．

(9) 手順9　ベースモルタル充填

鉄骨建方の完了後，アンカーボルトの締付け前にベースプレート下部にベースモルタルを充填す

る．ベースプレート下面と基礎コンクリート上面との密着性を高め，支圧耐力を確保する．ベースモルタルには，基礎コンクリート以上の強度となるセメント系無収縮グラウト材を使用し，指定された適正な水量・攪拌時間で練り混ぜを行い，指定された作業時間内にベースプレート下面に空隙ができないよう，漏斗等を用いて一方向から連続して充填作業を行う．

(10) 手順10　アンカーボルト本締め

アンカーボルト締付けには二重ナットを使用する．下ナットでベースプレートをベースモルタル・基礎コンクリートに密着させ，上ナットで下ナットの緩みを防止する．

締付け方法について，ナット回転法とトルクコントロール法の2つの方法について解説する．

1) ナット回転法

ナット回転法では，1次締めとしてスパナ・レンチ等を用いて下ナットを締め付け，マーキングを行う．下ナットの締付けは，ベースプレート上の砂や汚れを拭き取った後に行う．1次締めの後，ナットを30度回転させて正しく締め付けられていることをマーキングの位置で確認する．最後に下ナットが共回りをしないように固定した状態で，上ナットを羽交い絞めになるように締め付ける〔写真3.2.13～3.2.15参照〕．

この方法では，作業者の力やレンチのアーム長さにより，1次締付けによる導入張力にばらつきが生じる．また，すべてのねじの呼びに対して回転量を30度とすると，ねじの呼びに応じてねじピッチが違うことから導入張力が変動することになる．ねじの呼びによっては導入張力が過大となる場合がある．

2) トルクコントロール法

トルクコントロール法による締付けには，一般にプレセット型トルクレンチが用いられる．ナット回転法と同様に1次締め，マーキングを行う．その後，本締め目標トルク値をトルクレンチにプレセットし，締付けを行う．

参考としてねじの呼びに応じた本締め目標トルク値を表3.2.1に示す．本締め目標トルク値は，(3.2.1)式により算出される降伏締付けトルク値の40％の値とする．アンカーボルトセットにはトルク係数は定められていないが，ここでは標準値として，文献3.2.1)を参考にトルク係数を0.17とした．

$$T = k \cdot D \cdot N \tag{3.2.1}$$

記号

　　T：降伏締付けトルク値

　　k：トルク係数

　　D：ねじの呼び径

　　N：短期許容引張力

計算例　　ABR400　M16の場合

　　$d = 16$ mm

　　$N = 36.9$ kN

　　$T = 0.17 \times 16 \times 36.9 = 100$ kN·mm $= 100$ N·m

写真 3.2.13　ナットの締付け作業前のマーキング

写真 3.2.14　ナット回転法によるアンカーボルト締付け

写真 3.2.15　上ナット締付け完了

表 3.2.1　本締め目標トルク値

(a)　ABR400

ねじの呼び	ねじ有効断面積 (mm²)	短期許容引張力 (kN)	降伏締付けトルク値 (N·m)	本締め目標トルク値 (N·m)
M 16	157	36.9	100	40
M 18	206	45.1	138	55
M 20	245	57.6	195	78
M 22	303	71.2	266	106
M 24	353	83.0	338	135
M 27	459	108	495	198
M 30	561	132	673	269
M 33	694	163	914	365
M 36	817	192	1 175	470
M 39	976	229	1 518	607
M 42	1 120	263	1 877	750
M 45	1 310	282	2 157	862
M 48	1 470	316	2 578	1 031

(b)　ABR490

ねじの呼び	ねじ有効断面積 (mm²)	短期許容引張力 (kN)	降伏締付けトルク値 (N·m)	本締め目標トルク値 (N·m)
M 16	157	51.0	138	55
M 18	192	62.4	190	76
M 20	245	79.6	270	108
M 22	303	98.5	368	147
M 24	353	115	469	187
M 27	459	149	683	273
M 30	561	182	928	371
M 33	694	226	1 267	506
M 36	817	266	1 627	650
M 39	976	317	2 101	840
M 42	1 120	364	2 598	1 039
M 45	1 310	386	2 952	1 180
M 48	1 470	434	3 541	1 416

表 3.2.1 （つづき）

(c) ABM400

ねじの呼び	ねじ有効断面積 (mm²)	短期許容引張力 (kN)	降伏締付けトルク値 (N·m)	本締め目標トルク値 (N·m)
M 24	353	90.2	368	147
M 27	459	117	537	214
M 30	561	146	744	297
M 33	694	179	1 004	401
M 36	817	203	1 242	496
M 39	976	242	1 604	641
M 42	1 120	260	1 856	742
M 45	1 310	288	2 203	881
M 48	1 470	331	2 700	1 080

(d) ABM490

ねじの呼び	ねじ有効断面積 (mm²)	短期許容引張力 (kN)	降伏締付けトルク値 (N·m)	本締め目標トルク値 (N·m)
M 24	353	125	510	204
M 27	459	161	738	295
M 30	561	202	1 030	412
M 33	694	247	1 385	554
M 36	817	281	1 719	687
M 39	976	335	2 221	888
M 42	1 120	357	2 548	1 019
M 45	1 310	395	3 021	1 208
M 48	1 470	454	3 704	1 481
M 52	1 820	537	4 747	1 898
M 56	2 140	631	6 007	2 402
M 60	2 480	732	7 466	2 986
M 64	2 850	841	9 150	3 660
M 68	3 240	956	11 051	4 420
M 72	3 460	1 020	12 484	4 993
M 76	3 890	1 150	14 858	5 943
M 80	4 340	1 280	17 408	6 963
M 85	4 950	1 460	21 097	8 438
M 90	5 590	1 650	25 245	10 098
M 95	6 270	1 850	29 877	11 950
M 100	6 990	2 060	35 020	14 008

JIS B 1220（構造用両ねじアンカーボルトセット）規格製品に使用するナットの種類は，JIS B 1220規格附属書Bにて規格化された強度区分5Jの第1種六角ナットを使用する．戻り止めに用いる二重ナットの上ナットは，3種としてもよい．

アンカーボルト規格制定前は，JIS B 1181規格製品の2種ナットや3種ナットが用いられる例があった．JIS B 1220では，市場での普及度合いや入手の簡便性とともに，取付け作業時の使い分けの混同を防ぐために，JIS B 1181規格附属書JAの第1種六角ナットを使用することとしている．

以下に，参考としてナットの種類形状を示す．

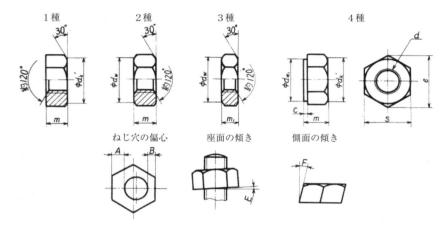

ナットの形状は対角 e と対辺 S はねじ径 d ごとに共通であり，厚み m は1種と2種および4種はねじ径の80％，3種のみが60％となっている．外観では1種と4種が片面取りで座面が広くなっている．

図3.2.3　JIS B 1181附属書JAに掲載されたナットの形状

3.2.3　施工に配慮した露出柱脚設計上の留意点

（1）アンカーボルトと鉄筋の干渉

基礎梁主筋は，柱型主筋，アンカーボルトのみならず，アンカーフレーム，仮設架台等の仮設材の位置を考慮して決定する．図3.2.4に示すように干渉が想定される場合，梁端部の幅を広げるなど，設計段階の検証による対応が重要である．

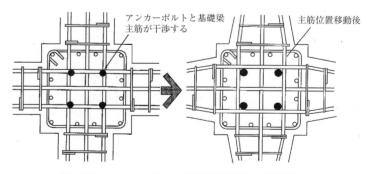

図3.2.4　アンカーボルトと基礎梁主筋の干渉対策

（2）リブプレートの配置

露出柱脚のベースプレートには，板厚が過大とならないようにするためにリブプレートを設ける場合が多い．必要なアンカーボルトの本数とベースプレートの形状の関係で，アンカーボルト間隔が小さくなると，アンカーボルト間の中央に配置するリブプレートの間隔も小さくなる．

レンチを用いてアンカーボルトのナットを締め付ける作業が可能なように，リブプレートを配置する必要がある．実績の少ないアンカーボルト，リブプレート配置を試みる場合は，設計段階においても鉄骨工事作業の可否を確認し，必要に応じて当該案件専用の特殊レンチを製作するなどの対応をとる場合もある．

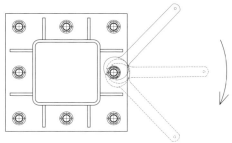

図 3.2.5　ナット締付けを考慮したリブプレート配置

【参考文献】
3.2.1)　山本　晃：ねじのおはなし，日本規格協会，2003

3.3　根巻き柱脚の施工
3.3.1　根巻き柱脚施工の特徴

根巻き柱脚は，根巻き鉄筋コンクリートにより比較的容易に耐力と剛性を高めることができる一方で，根巻き頂部からベースプレートの間において鋼柱から根巻き鉄筋コンクリートへ応力伝達を行う必要があるため，柱脚を構成する材料の確実な施工が必要となる．

写真 3.3.1　根巻き柱脚の施工例

根巻き柱脚の施工の基本としては，3.2「露出柱脚の施工」と同様である「アンカーボルトの埋込み精度の確保」，「ベースモルタルの充填性確保」，「ナットの十分な締付け」に加え，「鋼柱および鉄筋の確実な納まり」，「根巻き部コンクリートの確実な充填」が必要となる．特に，腰壁と一体化する場合は，配筋に注意が必要となる．写真 3.3.1 に根巻き柱脚の施工例を示す．

3.3.2　根巻き柱脚施工の手順と解説

根巻き柱脚の標準的な施工手順の例を図 3.3.1 に示し，主要な項目について解説を加える．

各手順は基本的に露出柱脚と同様であるので，3.2 節も参照されたい．本節では，露出柱脚と異なる点，注意点などを中心に各手順の説明を行う．

手順 2「アンカーボルトの据付け」〔図 3.3.2(a)〕に関し，根巻き柱脚の場合は，アンカーボルトの耐力を期待する場合とアンカーボルトに耐力を期待しない場合がある．アンカーボルトの耐力を期待する場合は，露出柱脚と同様に，構造用アンカーボルトによる施工が必要となり，アンカーボルトセットの施工にあたっては，十分な配慮が必要となる．一方，アンカーボルトに耐力を期待しない場合は，建方用アンカーボルトを使用してもよい．

手順 3「基礎配筋・型枠設置」〔図 3.3.2(b)〕では，アンカーボルトや鋼製フレーム・仮設架台と柱型の主筋・帯筋，基礎梁主筋が干渉しないように配筋を行い，型枠を設置する．柱型主筋の上部は根巻き鉄筋コンクリート主筋となるため，配筋の精度管理に注意を要する．また，コンクリートの充填が確実になされるように，鉄筋間隔や鉄筋と鉄骨の間隔が十分であることを確認する必要がある．

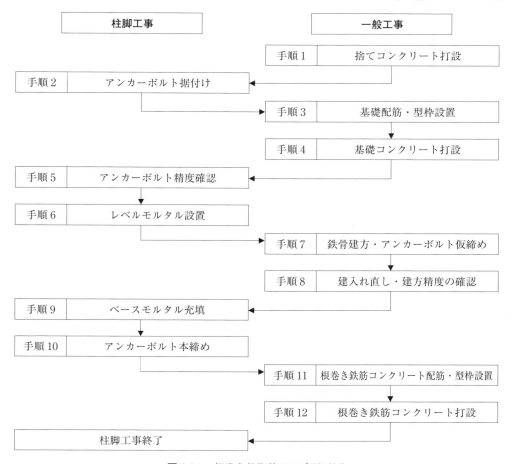

図 3.3.1 根巻き柱脚施工の手順（例）

　手順4「基礎コンクリート打設」では，基礎上端までコンクリートを打設する．アンカーボルトや基礎上端から突出している根巻き鉄筋コンクリート主筋が，コンクリート打設時に乱れないように管理する必要がある．アンカーボルトに耐力を期待しない場合においても，露出柱脚と同様にアンカーボルト頂部をテンプレートなどで固定し，精度を確保することが望ましい．

　手順7「鉄骨建方・アンカーボルトの仮締め」〔図3.3.2(d)〕では，基礎上端面から立ち上がる根巻き鉄筋コンクリート主筋で囲われる部分に，鋼柱の柱脚部を落とし込んで所定の位置にセットする必要があり，主筋が鉄骨建方の障害となることが多い．この根巻き鉄筋コンクリート脚部の主筋は応力伝達上非常に重要な部位であるため，この鉄筋を傷めないように取り扱うことが必要である．

　事前の検討の結果として，鉄骨建方のために根巻き鉄筋コンクリート主筋を曲げることによって，障害を回避する計画とする場合もある．この場合，応力伝達上重要な部位であることに加え，建方後には元の位置に戻す必要があるため，鉄筋はなるべく緩やかに曲げ，その角度は30°を限度とすることが【技術指針・現場】で示されている．アンカーボルトの仮締めについては，露出柱脚と同

様である.

　手順10「アンカーボルトの本締め」〔図3.3.2(f)〕についても，基本的には露出柱脚と同様である．根巻き鉄筋コンクリート主筋の内側にアンカーボルトが配置されているため，アンカーボルト締付け用レンチの可動領域が狭くなる可能性がある．設計段階において，根巻き鉄筋コンクリート主筋をあらかじめレンチの可動領域を避けた位置にすることが原則であるが，施工段階の検証で締付けに支障があると判断された場合は，設計者・工事監理者と対応方法を協議して決定する．

　手順11「根巻き鉄筋コンクリート配筋・型枠設置」〔図3.3.2(g)〕・手順12「根巻き鉄筋コンクリート打設」〔図3.3.2(h)〕では，根巻き鉄筋コンクリート主筋を建方時に曲げた場合は元の位置に戻し，帯筋を配筋する．配筋終了後，根巻き鉄筋コンクリートの型枠をセットし，コンクリートを打設する．

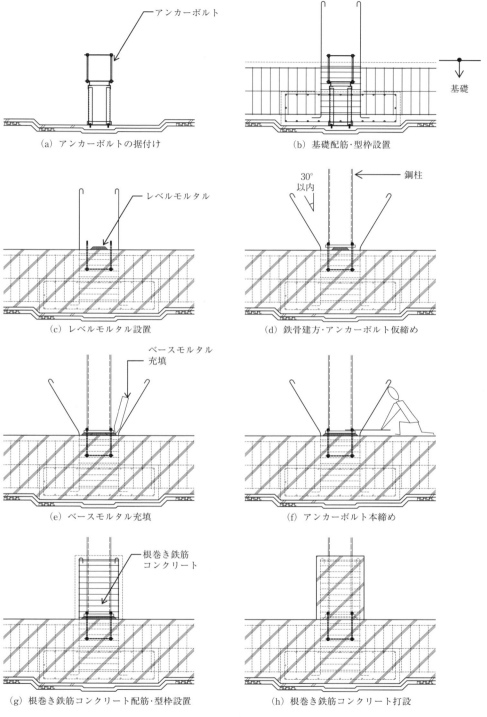

図 3.3.2 根巻き柱脚施工

3.3.3 施工に配慮した根巻き柱脚設計上の留意点

（1）ベースプレートと鉄筋の干渉

根巻き鉄筋コンクリート断面の大きさは，ベースプレートと根巻き鉄筋コンクリート主筋の干渉を考慮して決定しなければならない．角形鋼管柱の場合は，ベースプレートが大きくなりがちであるが，図3.3.3のように柱に切欠きを設けてアンカーボルトを配置するとベースプレートを小さくできる．a 寸法および b 寸法が大きくなると，柱の断面欠損が過大になる可能性があるので注意が必要である．a 寸法の目安としては，アンカーボルト径の5倍程度である．

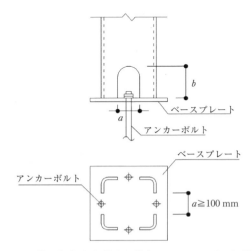

図 3.3.3 柱に切欠きを設けた場合のアンカーボルト配置

（2）根巻き鉄筋コンクリート主筋の配置

根巻き鉄筋コンクリート主筋の配置は，アンカーボルトの締付け用レンチの作業範囲を考慮して決定しなければならない．また，根巻き主筋頂部にフックを設ける場合は，主筋フックと鉄骨断面が干渉しないように，根巻き鉄筋コンクリート断面の大きさを決定しなければならない．鋼柱側面にスタッドを設ける場合も，同様に注意が必要である．

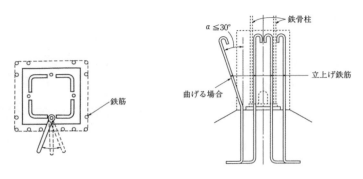

図 3.3.4 根巻き鉄筋コンクリート主筋の配置

3.4 埋込み柱脚の施工
3.4.1 埋込み柱脚施工の特徴

埋込み柱脚は，鉄骨を基礎に直接埋め込むことにより，耐力と剛性を高めることができる柱脚形式である．柱からの応力は主として埋込み部鉄骨・ベースプレートと基礎コンクリートの間の支圧力により伝達されるため，施工にあたっては，埋込み部鉄骨周りのコンクリートを確実に充填させることが重要である．また，ベースプレートにはアンカーボルトが配置されるのが一般的であるが，埋込み深さを十分に確保した場合には，アンカーボルトにより伝達される応力は小さい．このため，埋込み柱脚におけるアンカーボルトは，建方時の位置決め程度の役割のものが多い．

埋込み柱脚施工の大きなポイントの一つとして，埋込み部鉄骨と基礎梁主筋との取合いについて留意が必要である．埋込み部鉄骨と基礎梁の主筋の干渉により施工困難になることがあるため，設計時に埋込み部鉄骨と基礎梁主筋との関係を十分に検討しておくことが必要である．写真 3.4.1 に埋込み柱脚の施工例を示す．

写真 3.4.1 埋込み柱脚の施工例

3.4.2 埋込み柱脚施工の手順と解説
（1）施工フロー例[3.4.1)]

埋込み柱脚は，柱脚部を基礎に埋め込む場合と基礎天端に設置する場合がある．図 3.4.1 にそれぞれの概要図を示す．基礎埋込み型の場合，鉄骨建方時に基礎梁配筋等がなく，基礎からの立上り鉄筋のみであるため，基礎天端設置型に比べ施工性は良好である．

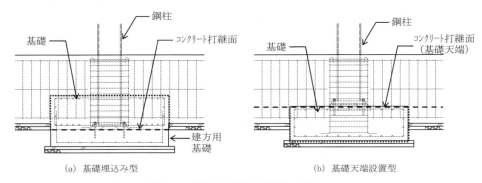

図 3.4.1　埋込み柱脚と基礎との取合い

なお，埋込み柱脚のアンカーボルトが建方用である場合，構造耐力を期待しないアンカーボルトを仮設部材と考え，接着系のあと施工アンカーで代用することも可能である．このような場合，ベースプレート下コンクリートの打設後にアンカーボルトをセットできるため，精度良くアンカーボルトを設置することが可能である．ただし，採用にあたっては，工事監理者，構造設計者に確認する必要がある．また，図 3.4.2 のように場所打ちコンクリート杭を用いる基礎の場合には，鉄骨建方用基礎の工程を省略し，杭の上にあと施工アンカーを施工し，鉄骨を建て込むことも可能である．

ここでは，基礎埋込み型〔図 3.4.1(a)〕の施工手順を図 3.4.3，3.4.4 に示す．

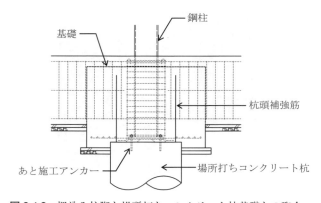

図 3.4.2　埋込み柱脚と場所打ちコンクリート杭基礎との取合い

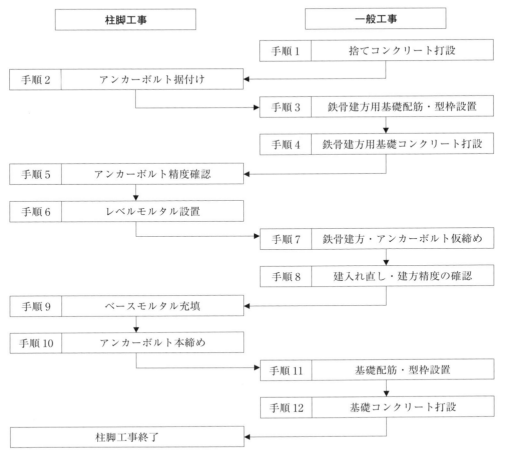

図 3.4.3 埋込み柱脚の施工の手順（例）

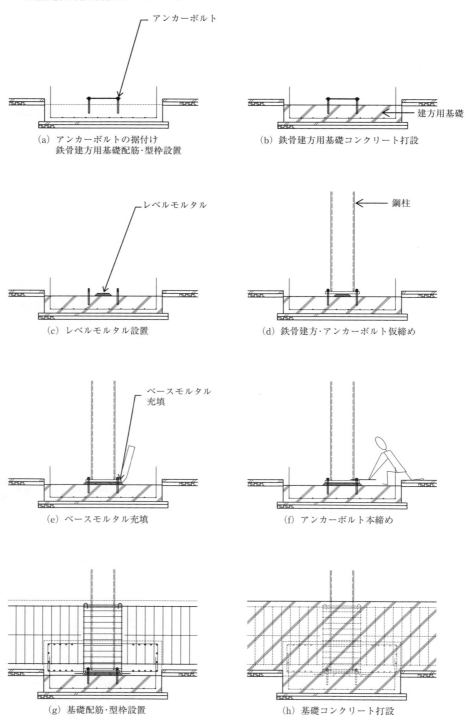

図 3.4.4　埋込み柱脚の施工

基礎天端設置型〔図 3.4.1(b)〕の場合は，基礎の躯体完了後に鉄骨建方を行う．基礎梁せいの中間レベル付近でコンクリートが打ち継がれるため，打継面でのレイタンスの除去などの作業が必要になる．また，鉄骨周りの鉄筋の配筋後に鉄骨建方を行うことになり，鉄骨建方や建入れ直し，アンカーボルト締付け時の周囲の鉄筋との干渉を事前に検討しておく必要がある．

調達の面から言えば，埋込み柱脚を選択する場合には，基礎梁の配筋時にすでに鉄骨部材が現場に納入されていることが必要であり，他の柱脚形式に比べ鉄骨の発注を前倒しにする必要がある．鋼材事情によっては，かなり先行して鋼材を発注する必要があり，埋込み柱脚を選択する際には，工期への影響を検討する必要もある．

(2) 0 (ゼロ) 節鉄骨による建方

あらかじめ鉄骨を設置してから基礎コンクリートを打設する施工法のほかに，1 階のフロアから約 1～2 m の高さの位置に柱継手を設ける 0 (ゼロ) 節鉄骨として，埋込み部鉄骨のみを先行して施工する場合もある．埋込み部鉄骨の調達を先行させることで，上部鉄骨の手配に余裕を持たせることが可能となる．その実施例を写真 3.4.2 に示す．0 節鉄骨の柱は，通常の建方のように柱頭で上階の梁をつなぐことができないため，鉄骨の建方精度が低下しやすい．そのため，精度確保に特に留意することが大切である．図 3.4.5 に示すように，柱頭部に仮設の頭つなぎ材を配置すること等により，精度確保する方法もある．

写真 3.4.2 0 (ゼロ) 節鉄骨建方実施例

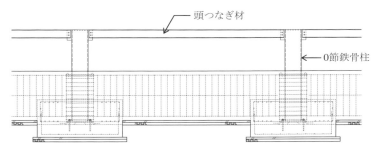

図 3.4.5 0 節頭つなぎ材

（3）鉄骨あと打ち工法[3.4.2)]

0節鉄骨による建方と同様，施工工程上，鉄骨製作完了よりも基礎部コンクリート打設を先行させる場合，埋込み柱脚部周囲のコンクリートをあと打ちとする方法〔図3.4.6〕もある．基礎および基礎梁の柱脚部分を箱抜きした状態で基礎および基礎梁のコンクリート打設を行い，その後に鉄骨建方を行うことになる．鉄骨柱に取り付けた位置保持用治具を基礎梁天端部分にアンカーすることにより，鉄骨建方時の位置保持を行う．あと打ちコンクリートの充填性を確保するため，打設済みコンクリートの天端とベースプレートの間隔は150～200 mmとする．側面のあきは，箱抜きした底部に落ちたごみの撤去やコンクリート打設時にバイブレーターが差し込めるように，150 mm程度のスペースが必要となる．底部に溜まる雨水対策として水抜き孔を設けることも有効である．ベースプレート下に空気溜まりができないように，片押しで下部コンクリートを打設する．あと打ちコンクリートは，膨張剤入りコンクリートとすることが望ましい．図3.4.6に示す例のコンクリートあと打ち部（箱抜き部）はベースプレートが挿入できる寸法であればいいが，埋込み部鉄骨に頭付きスタッドが溶接されている場合には，スタッド出寸法を考慮した箱抜き部寸法にする必要がある．

なお，本工法に関しては，関連する企業より複数の特許が出願されているので，実施の際には特許の扱いに注意する必要がある．

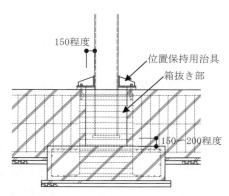

図3.4.6　あと打ちコンクリート工法例

3.4.3　施工に配慮した埋込み柱脚設計上の留意点

設計施工上注意を要する主なものとして，下記が挙げられる．

（1）基礎梁主筋と埋込み部鉄骨の干渉

埋込み部鉄骨と基礎梁主筋との干渉により，基礎梁主筋が貫通不可能になったり，適切な被り厚さや鉄筋同士のあきが取れなくなる場合がある．このような場合には基礎梁に水平ハンチを設け〔図3.4.7参照〕，埋込み部鉄骨周囲の基礎梁主筋を拡げる等の事前の設計上の配慮が必要になる．特に，鉄骨あと打ち工法を採用する場合は，柱より大きな箱抜き部を避けた配筋とする必要があり，通常の場合よりも必要な梁幅が大きくなることに注意する．このとき，拡幅するハンチ部の鉄筋の

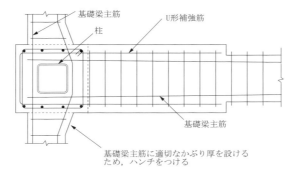

図 3.4.7 埋込み柱脚平面図（側柱の例）

折曲角は，本会の「鉄筋コンクリート造配筋指針・同解説」の段差梁の鉄筋の折曲げの規定にならい，1/6 以下とする．

（2）コンクリート支圧力による鋼管壁の局部変形

　根巻き形式および埋込み形式柱脚ともに，柱に作用する曲げモーメントは，図 3.4.8 に示すように柱フェイスとコンクリートとの支圧力により伝達される．柱が箱形断面のときには，（b）のように管壁の変形により支圧力が両端に集中する可能性がある．設計では，（a）の上段に示すように柱幅方向にわたって一様な支圧力分布を想定しているので，支圧力が端部に集中することにより，コンクリートが早期に限界に達してしまうことになる．このようなことを避けるために，柱の幅厚比（B/t）がある値以上では何らかの補剛が必要とされている．【接合部指針】では，幅厚比が【LSD 指針】で規定する P—II ランク以上の場合には，管壁の局部変形を防止するように補剛することとしている．

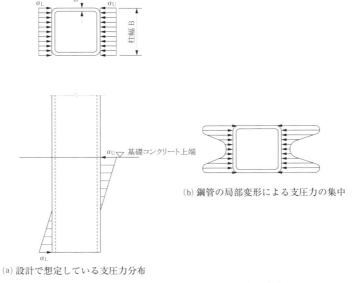

(a) 設計で想定している支圧力分布

(b) 鋼管の局部変形による支圧力の集中

図 3.4.8 埋込み部鋼管柱に作用する支圧応力

鋼管壁の局部変形を防止する補剛の例を図3.4.9に示す．基礎コンクリート上端近傍でコンクリートの支圧が最も大きくなるので，充填コンクリートは基礎コンクリート上端より上まで，ダイアフラムは基礎コンクリート上端位置に施工するのが最も効果的である．また，これらの補剛は，鋼柱下部に塑性ヒンジができたときの鋼管壁の局部座屈防止にも効果がある．

充填コンクリートの施工は，CFTの圧入のように柱側面にコンクリート打設孔を設ける場合と，上部から打設する場合がある．柱側面から打設する場合には，打設後の孔の補強が必要となる．上部から打設する場合には，落下によってコンクリートと骨材が分離することのないよう，トレミー管を使うなどの方法が必要である．コンクリート強度は，周囲の基礎コンクリートと同程度とする．柱内部に打ち込むので，コンクリートがまわりにくいといったことはないが，施工にあたっては，基礎コンクリートの上端よりも上のレベルまでコンクリートが確実に充填されていることを確認する．

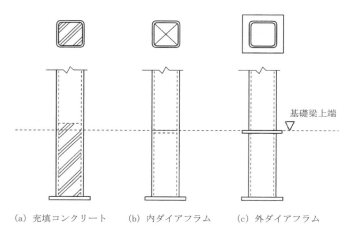

(a) 充填コンクリート　　(b) 内ダイアフラム　　(c) 外ダイアフラム

図 3.4.9　角形鋼管の局部変形に対する補剛例

（3）　側柱柱脚の基礎コンクリートのパンチングシヤー破壊

側柱柱脚の場合，基礎梁のない側のコンクリートのかぶりが少ないと，埋込み部鉄骨からの支圧力により，かぶりコンクリートが早期にパンチングシヤー破壊を起こす可能性がある．このための補強として，図2.3.7に示すように，鉄骨の周りにU形補強筋や埋込み部鉄骨に直接水平鉄筋を溶接する「アンカー筋」補強をする場合がある．この場合，柱脚周りには，もともとの縦筋や基礎梁主筋に加え，補強筋が配されることになる．各鉄筋の取合いについては，事前に十分に検討しておくことが必要である．また，鉄骨および鉄骨に溶接するアンカー鉄筋の種類，溶接方法等は，【JASS 6】および3.4.3項）を参照されたい．

【参考文献】
3.4.1）　建築技術　特集「耐震工学から学ぶ鉄骨柱脚の設計施工」，pp.138-139，2005.9
3.4.2）　西原寛ほか：鉄骨柱脚箱抜き工法の構造性能に関する実験的研究　その1・その2，日本建築学会大会学術梗概集　C-1，pp.673-676，2005.7
3.4.3）　日本鉄筋継手協会：鉄筋継手工事標準仕様書　溶接継手工事，2009.9

4章　柱脚の地震被害

4.1　はじめに

　鋼構造からなる上部構造と，鉄筋コンクリート構造からなる基礎構造を繋ぐ柱脚部は，設計・施工の両面で難しい部位である．地震時には上部構造に作用する大きな応力を伝達する箇所であるとともに，上部構造の変形の要となることから，地震被害も起こりやすい部位と言える．柱脚の形式別で見ると，埋込み柱脚，根巻き柱脚については固定または固定に近い条件となることから，鉄骨柱が損傷を受ける一方で柱脚側の被害はあまり見られないが，露出柱脚については，過去の地震で多くの被害が発生しており，先の東日本大震災においても多くの被害が報告されている[4.1)-4.3)]など．また，露出柱脚と同様の接合形式となることが多い鉄骨置屋根の定着部も，多くの被害が発生する箇所である．地震被害からは，設計・施工上の注意点が学び取れる．本章では，各形式の柱脚ならびに鉄骨置き屋根定着部について，近年の地震被害事例を紹介するとともに，地震被害調査時に判明した施工や管理の不具合事例を紹介する．

4.2　露出柱脚の被害例

　図4.1に露出柱脚の典型的な被害パターンを示す．兵庫県南部地震以前に多いピンと仮定して設計された露出柱脚では，曲げモーメントは作用しないものとして設計されるが，地震時に柱脚部に大きな回転が生じると，アンカーボルトは伸ばされ塑性化する．また，半剛接と仮定して設計された露出柱脚であっても，保有耐力接合されていなければ，大きな外力が作用した場合にアンカーボルトは大きく伸ばされる．アンカーボルトが大きく伸ばされ塑性化すると，写真4.1に示すように永久伸びが残り，ナットとベースプレートの間に隙間が生じる．ねじ部が健全であれば締め直すことが可能であるが，ねじ部が傷んでしまうと締め直すことができなくなり，大がかりな補修が必要となる．ABR，ABMが普及する以前の建物では，伸び能力が保証されたアンカーボルトが存在しなかったことから，アンカーボルトのねじ部に変形が集中したことによる破断の被害が発生しやすい．写真4.2，4.3にアンカーボルト破断被害の例を示す．写真4.2は新耐震の建物での被害例であり，写真4.3は新耐震以前の建物での被害例である．いずれもねじ部に変形が集中し破断している．このような被害を防ぐためには，保有耐力接合とする，あるいはABR，ABMといった伸び能力が保証されたアンカーボルトを使用する必要がある．

　また，図4.2に示すように，筋かいが偏心して取り付く場合には，地震時にねじりモーメントが作用する．偏心した筋かいが取り付いた露出柱脚の被害例を写真4.4に示す．筋かいが偏心して取り付く場合には，筋かいから作用するねじりモーメントも考慮して柱脚の設計を行わなければならない．

　基礎立上げ部柱型においては，応力作用方向におけるアンカーボルトの縁端距離〔はしあき　図

4.3 参照〕が不足している場合に，コンクリートが側方破壊する．写真 4.5 に側方破壊の被害例を示す．このような被害は，大きなせん断力が作用するブレース付柱脚直下の基礎立上げ部柱型においてよく見られる．作用するせん断力の大きさに見合うよう，アンカーボルトのはしあきを十分確保できるだけの厚さのコンクリートを打設する必要がある．

このほか，柱脚の回転に伴い，写真 4.6 に示すようなベースプレート下の充填モルタルの破壊や，写真 4.7 に示すようなベースプレート上の化粧モルタルの割れといった被害も発生する．また，ベースプレートが薄い場合には，写真 4.8 に示すようにベースプレートが面外に変形する．面外変形が大きくなると，ベースプレートと柱の溶接部に亀裂が生じたり，溶接部で破断する場合がある．

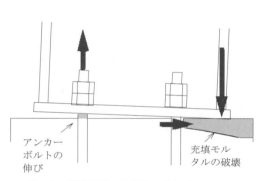

図 4.1 露出柱脚の典型的な被害パターン

写真 4.1 柱脚の回転に伴うアンカーボルトの伸び

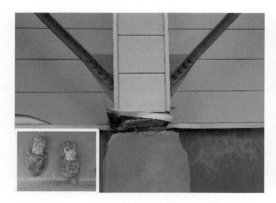

写真 4.2 アンカーボルトの破断（新耐震の建物）

写真 4.3 アンカーボルトの破断（新耐震以前の建物）

4章 柱脚の地震被害 — 95 —

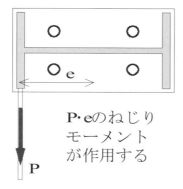

図 4.2 柱脚に作用するねじりモーメント

写真 4.4 筋かいの偏心による被害

写真 4.5 基礎立上げ部柱型
　　　　 コンクリートの側方破壊

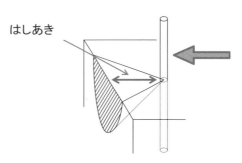

図 4.3 アンカーボルトのはしあき

写真 4.6 充填モルタルの破壊

写真 4.7 化粧モルタルの割れ

写真 4.8 ベースプレートの面外変形と柱端溶接部の破断[4.4]

4.3 根巻き柱脚・埋込み柱脚の被害例

根巻き柱脚の地震被害事例は，露出柱脚に比べると比較的少ないが，写真4.9に示すように，根巻きした鉄筋コンクリートが破壊する場合がある．また，埋込み柱脚の場合には，被害箇所は，一般に柱下端となる．写真4.10に埋込み柱脚部における柱下端の曲げ破断の例を示す．

写真 4.9 根巻きコンクリートの破壊[4.4]　　　**写真 4.10** 埋込み柱脚部における柱の曲げ破断[4.4]

4.4 置屋根定着部の被害例

鉄骨造の屋根などをRC造の躯体に接合する定着部も被害が出やすい部位である．写真4.11，4.12に，体育館における鉄骨屋根定着部でのコンクリートの破壊の例を示す．軸力と曲げモーメントが支配的な外力であるラーメン構造の柱脚とは異なり，ブレース構造の柱脚と同様，定着部には屋根構面からの大きなせん断力が作用する．また，地震時に屋根と下部構造がそれぞれ大きく変形することで，屋根と下部構造の間に大きなずれ（相対変形）が発生することもある．

地震時に屋根構面から作用する大きなせん断力に対して，図4.3に示すアンカーボルトのはしあきが不足している場合に側方破壊を起こす．この部分に鉄筋が配されている場合でも，鉄筋が効き始めるのはコンクリートの破壊以降である[4.5]．定着部でのコンクリートの破壊は，高所からのコンクリート片の落下を伴う危険な被害であり，被害の抑止のためには，十分なアンカーボルトのはし

あきを確保する必要がある．

また，写真 4.13 に示すように，アンカーボルトの強度が不足している場合には，地震時に作用する外力によって，アンカーボルトが破断する．

写真 4.14, 4.15 には一方をピン，他方をルーズホールによりピンローラーとしたトラス屋根定着部の被害例を示す．この建物では屋根の変形が大きくなったことで，アンカーボルトがルーズホール端に当たり，はしぬけに近い状態となっている．地震時における定着部での変形量を大きめに評価しておくなどの対策が必要である．また，ピン側においてもベースプレート下の充填モルタルが破壊されている．

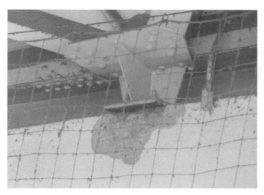

写真 4.11 定着部でのコンクリートの側方破壊 1

写真 4.12 定着部でのコンクリートの側方破壊 2

写真 4.13 定着部でのアンカーボルトの破断

写真 4.14　トラス屋根定着部の被害（ピン側）

写真 4.15　トラス屋根定着部の被害（ピンローラー（ルーズホール）側）

4.5　施工・管理の不具合事例

　施工時の管理や竣工後の維持管理の不具合が地震被害に結びつくことも多い．本節では，地震被害調査時に判明した施工管理や維持管理の不具合事例を紹介する．

　写真 4.16，4.17 は，基礎に設置されたアンカーボルトを曲げて位置合わせを行う「台直し」の例である．いずれも周辺のコンクリートが壊れているが，大きく曲げられたアンカーが引き抜きを受けると容易に破断してしまう．写真 4.18 の例では，台直しによりアンカーボルトが大きく曲げられた上に，さらに位置の合わないアンカーを通すためにベースプレートのボルト孔が拡げられている．また，写真 4.19 の例では，大径のナットによるかさ増しが行われているが，ベースプレート位置でボルト孔も大きくあけられていると思われる．写真 4.20 の例では，ダブルナットとなっているべき下方のナットがくり抜かれてかさ増しされており，写真 4.21 の例では，余長が過大となっている．これらは，いずれも施工精度に起因する不具合の事例である．

　一方，写真 4.22 の例はナットが欠落しており，写真 4.23 の例では，本来あるべきアンカーボルトが欠落している．

　写真 4.24，4.25 は，管理状態に問題がある例である．いずれも柱脚部が激しく腐食しており，応力伝達能力を失っている．柱脚の性能確保には，適切に設計・施工を行うだけでなく，適切な維持・管理も必要不可欠である．

4章 柱脚の地震被害 — 99 —

写真 4.16　台直しによるアンカーボルトの変形 1

写真 4.17　台直しによるアンカーボルトの変形 2

写真 4.18　拡大されたボルト孔

写真 4.19　大径のナットによるかさ増し

写真 4.20　下部ナットの中をくりぬいたかさ増し

写真 4.21　過大な余長

写真 4.22 ナットの欠落

写真 4.23 アンカーボルトの欠落(左側)

写真 4.24 腐食した露出柱脚 1

写真 4.25 腐食した露出柱脚 2

4.6 地震被害を受けた柱脚の補修

　露出柱脚でアンカーボルトが降伏して伸ばされた場合でも，ねじ部の塑性変形の程度が小さくアンカーボルトのナットが回りさえすれば，ワッシャーなどを追加して締め直しベースプレート下のモルタルを打ち直せばよく，補修は比較的容易である．アンカーボルトがねじ部で大きく伸ばされた場合には，既存のアンカーボルトは機能を喪失していると見なし，新たにアンカーボルトを打ち直す必要が生じる．新たにアンカーボルトを打ち直すには，ベースプレートおよび基礎コンクリートを拡幅することが多い．また，基礎から鉄筋コンクリート柱型を立ち上げ，根巻き柱脚とする方法もある．いずれの補修工法も，耐震補強で一般に行われている工法[4.6],[4.7]と同様である．

　根巻き柱脚の場合は，根巻きコンクリートをはつる作業が大変であるが，新たにコンクリートを打ち直すことにより補修可能である．

　埋込み柱脚の場合は，被害箇所は一般に柱下端となることから，柱の塑性化した部位に補強プレートを溶接して補修する方法が一般的である．ただし，溶接によって柱材の材料特性に劣化が生じる可能性があることから，溶接する箇所の設定や溶接施工の管理には注意が必要である．

【参考文献】

4.1) 山田 哲，松本由香，伊山 潤，五十子幸樹，吉敷祥一，池永昌容，島田侑子，小山 毅，見波 進，浅田勇人：東北地方太平洋沖地震等で被災した鉄骨造文教施設の調査 —調査の概要—，日本建築学会技術報告集，No.40, pp.941-946, 2012.10

4.2) 吉敷祥一，山田 哲，松本由香，浅田勇人，小山 毅，島田侑子：東北地方太平洋沖地震等による鉄骨造文教施設の柱脚・定着部被害，日本建築学会技術報告集，No.42, pp.585-590, 2013.6

4.3) 山田 哲，伊山 潤，島田侑子，松本由香，長谷川隆，清家 剛，中野達也，吉敷祥一：東北地方太平洋沖地震および余震による学校体育館の構造被害，日本建築学会技術報告集，No.44, pp.133-138, 2014.2

4.4) 日本建築学会 近畿支部 鉄骨構造部会：1995年兵庫県南部地震鉄骨造建物被害調査報告書，1995.5

4.5) 浅田勇人，吉敷祥一，山田 哲：鉄骨造露出型柱脚における鉄筋コンクリート基礎・アンカー系の側方破壊挙動，日本建築学会構造系論文集，No.654, pp.1517-1525, 2010.8

4.6) 2013年改訂版 既存鉄骨造建築物の耐震改修施工マニュアル，日本鋼構造協会・日本建築防災協会，2013.8

4.7) 2015年改訂版 震災建築物の被災度区分判定基準および復旧技術指針，日本建築防災協会，2016.3

付1. アンカーボルトセット規格

構造用転造両ねじアンカーボルトおよび構造用切削両ねじアンカーボルトセットについて JIS B 1220：2015 に規定される内容のうち，附属書に示されるボルトの形状および寸法，ナットの種類，ナット，座金の形状および寸法を示す．

付表 1.1　ABR400 用ボルト，ABR490 用ボルトの形状および寸法

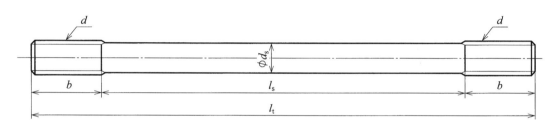

単位　mm

ねじの呼び (d)	ねじのピッチ (p)	軸部径 (ϕd_s) 基準寸法	長さ (l_t) 最小	ねじ部長さ (b) 最小
M 16	2.0	14.54	400	48
M 18	2.5	16.20	450	54
M 20	2.5	18.20	500	60
M 22	2.5	20.20	550	66
M 24	3.0	21.85	600	72
M 27	3.0	24.85	675	81
M 30	3.5	27.51	750	90
M 33	3.5	30.51	825	99
M 36	4.0	33.17	900	108
M 39	4.0	36.17	975	117
M 42	4.5	38.83	1 050	126
M 45	4.5	41.83	1 125	135
M 48	5.0	44.48	1 200	144

注 1　ねじの公差域クラスは 8g とする．
注 2　軸部径（ϕd_s）の最大，最小，最大偏径差は JIS B 1220：2015 による．
注 3　長さ（l_t）およびねじ部長さ（b）は，それぞれ 25d 以上および 3d 以上で，また，軸部長さ（l_s）は，15d 以上でなければならない．長さおよびねじ部長さの許容差は JIS B 1220：2015 による．

付表 1.2　ABM400 用ボルト，ABM490 用ボルトの形状および寸法

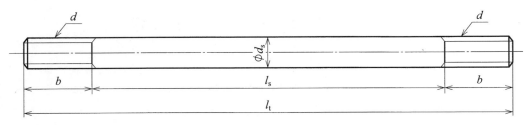

単位　mm

ねじの呼び (d)	ねじのピッチ (p)	軸部径 (ϕd_s) 基準寸法	長さ (l_t) 最小	ねじ部長さ (b) 最小
M 24	2.0	24.0	600	72
M 27	2.0	27.0	675	81
M 30	2.0	30.0	750	90
M 33	2.0	33.0	825	99
M 36	3.0	36.0	900	108
M 39	3.0	39.0	975	117
M 42	3.0	42.0	1 050	126
M 45	4.0	45.0	1 125	135
M 48	4.0	48.0	1 200	144
M 52	4.0	52.0	1 300	156
M 56	4.0	56.0	1 400	168
M 60	4.0	60.0	1 500	180
M 64	4.0	64.0	1 600	192
M 68	4.0	68.0	1 700	204
M 72	6.0	72.0	1 800	216
M 76	6.0	76.0	1 900	228
M 80	6.0	80.0	2 000	240
M 85	6.0	85.0	2 125	255
M 90	6.0	90.0	2 250	270
M 95	6.0	95.0	2 375	285
M 100	6.0	100	2 500	300

注 1　ねじの公差域クラスは 8 g とする．
注 2　軸部径（ϕd_s）の最大，最小，最大偏径差は JIS B 1220：2015 による．
注 3　長さ（l_t）およびねじ部長さ（b）は，それぞれ 25 d 以上および 3 d 以上で，また，軸部長さ（l_s）は，15 d 以上でなければならない．長さおよびねじ部長さの許容差は JIS B 1220：2015 による．

付表1.3 ナットの形状および寸法(ABR・ABM共通)

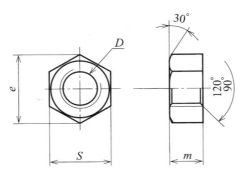

単位 mm

ねじの呼び (D)	ねじのピッチ (p) 並目	ねじのピッチ (p) 細目	ナットの高さ (m) 基準寸法	ナットの二面幅 (S) 基準寸法	対角距離 (e) 参考
M 16	2	—	13	24	27.7
M 18	2.5	—	15	27	31.2
M 20	2.5	—	16	30	34.6
M 22	2.5	—	18	32	37
M 24	3	2	19	36	41.6
M 27	3	2	22	41	47.3
M 30	3.5	2	24	46	53.1
M 33	3.5	2	26	50	57.7
M 36	4	3	29	55	63.5
M 39	4	3	31	60	69.3
M 42	4.5	3	34	65	75
M 45	4.5	4	36	70	80.8
M 48	5	4	38	75	86.5
M 52	5	4	42	80	92.4
M 56	5.5	4	45	85	98.1
M 60	5.5	4	48	90	104
M 64	6	4	51	95	110
M 68	6	4	54	100	115
M 72	—	6	58	105	121
M 76	—	6	61	110	127
M 80	—	6	64	115	133
M 85	—	6	68	120	139
M 90	—	6	72	130	150
M 95	—	6	76	135	156
M 100	—	6	80	145	167

注1 ナットのねじの公差域クラスは7H, ナットの強度区分は5Jとする.
注2 ナットの高さ (m), ナットの二面幅 (S) の許容差は JIS B 1220:2015 による.

付表 1.4 座金の形状および寸法（ABR・ABM 共通）

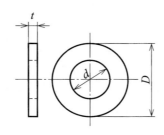

単位　mm

ボルトのねじの呼び	座金の内径 (d) 基準寸法	座金の外径 (D) 基準寸法	座金の厚さ (t) 基準寸法
M 16	18	32	4.5
M 18	20	36	
M 20	22	40	
M 22	24	44	6
M 24	26	48	
M 27	30	56	
M 30	33	60	8
M 33	36	63	
M 36	39	66	
M 39	42	72	
M 42	45	78	
M 45	48	85	
M 48	52	92	
M 52	56	98	
M 56	60	105	9
M 60	64	110	
M 64	68	115	
M 68	72	120	12
M 72	76	125	
M 76	80	135	
M 80	84	140	
M 85	89	145	
M 90	94	160	
M 95	99	165	
M 100	104	175	16

注 1　座金の硬さ区分は 200 J とする．
注 2　座金の内径（d），座金の外径（D），座金の厚さ（t）の許容差は JIS B 1220：2015 による．

付1. アンカーボルトセット規格

　アンカーボルトのセットは，構造用両ねじアンカーボルト1本，構造用六角ナット4個および構造用平座金1枚とで構成され，定着板は含まれない．定着板は設計者が個々に設計することが基本だが，その参考形状がJIS B 1220：2015の解説に示されている．コーン破壊の可能性がない形状の基礎に定着することを前提として，アンカーボルト軸部が定着板に先行して降伏するように設計されている．

付2. 露出柱脚における許容応力度の検討例

1. 許容応力度の検討フロー

露出柱脚の許容応力度（垂直）の検討については，2章に述べられているように種々の方法がある．ここでは，その一例を示す．まず，判定式 $e > \dfrac{D}{6} + \dfrac{d_t'}{3}$ によってアンカーボルトに引張力が生じることを検討する．引張力が生じる場合，応力度分布に応じてアンカーボルトに生じる応力度またはコンクリートに生じる応力度のいずれかが先に許容応力度に達することを想定して検討することができる．この場合，二次方程式を解くことで中立軸位置 X_n が得られる．アンカーボルトが許容応力度に達する場合を仮定して中立軸位置 X_n を算定した後，コンクリートに生じる応力度が許容応力度以下であることを確認する．もしくは，コンクリートが許容応力度に達する場合を仮定して中立軸 X_n を算定した後，アンカーボルトに生じる応力度が許容応力度以下であることを確認する．許容応力度の検討として，両者のいずれかを満足することを確認する．許容応力度の検討フローを付図2.1に示す．

付2. 露出柱脚における許容応力度の検討例

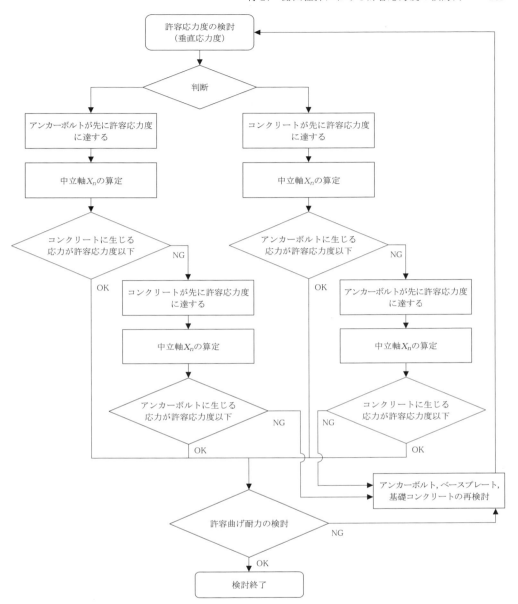

付図2.1 許容応力度（垂直）の検討フロー

2. 許容応力度の検討例

(1) アンカーボルトが先に許容応力度に達すると仮定する場合の検討

【露出柱脚設計例1】と同様の接合詳細を有する柱脚に引張軸力 $N=150\,\mathrm{kN}$，曲げモーメント $M=187\,\mathrm{kNm}$，せん断力 $Q=99\,\mathrm{kN}$ が作用する場合の中立軸位置の算定および許容応力度の検討例を以下に示す．応力度分布およびひずみ分布を付図2.2に示す．

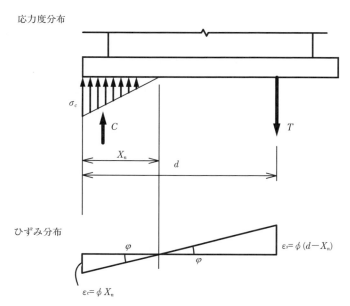

付図2.2 応力度分布およびひずみ分布

アンカーボルトに生じる応力度が短期許容応力度 $235\,\mathrm{N/mm^2}$ のとき，ヤング係数 $E_s=205\,000\,\mathrm{N/mm^2}$ より，アンカーボルトの降伏ひずみ ε_s は，$\sigma_s=E_s\varepsilon_s$ の関係から，以下となる．

$$\varepsilon_s = \frac{235}{205\,000} = 0.00115$$

ひずみ分布より，曲率 ϕ は以下となる．

$$\phi = \frac{\varepsilon_s}{d-X_n} = \frac{0.00115}{d-X_n}$$

ひずみ分布より，コンクリートのひずみ ε_c は，以下となる．

$$\varepsilon_c = \phi X_n = \frac{0.00115}{d-X_n}X_n$$

コンクリートのヤング係数 E_c は，ヤング係数比 15 のとき，下記の値となる．

$$E_c = \frac{E_s}{15} = \frac{205\,000}{15} = 13\,700\,\mathrm{N/mm^2}$$

以上から，コンクリートの応力度 σ_c は，以下となる．

付2. 露出柱脚における許容応力度の検討例　— 111 —

$$\sigma_s = E_c \cdot \varepsilon_c = 13\,700 \times \frac{0.00115}{d - X_n} X_n \qquad 1)$$

これより，コンクリートに生じる圧縮応力の総和 C (kN) は，$B = 650$ mm，$d = 575$ mm のとき，以下となる．

$$C = \frac{1}{2} X_n \cdot \sigma_c \cdot B = \frac{1}{2} X_n \times 13\,700 \times \frac{0.00115}{575 - X_n} X_n \times 650 \times 10^{-3} \qquad 2)$$

また，アンカーボルト1本あたりのねじ部降伏引張耐力 p_{ba} に基づくアンカーボルト群に生じる引張応力の総和 T (kN) は，$n_t = 3$ 本とすると，以下となる．

$$T = n_t \cdot p_{ba} = 3 \times 132 = 396 \text{ kN} \qquad 3)$$

ここで，柱材軸方向の力の釣合いから，下式となる．

$$C - T + 150 = 0$$

上式に C および T として，2)式および3)式を代入して下式が得られる．

$$\frac{1}{2} X_n \times 13\,700 \times \frac{0.00115}{575 - X_n} X_n \times 650 \times 10^{-3} - 396 + 150 = 0$$

$$5.12 X_n^2 + 246 X_n - 141\,000 = 0$$

上式を解いて X_n が得られる．$X_n = 144$ mm

X_n を用いて1)式より，コンクリートに生じる応力度 $\sigma_c = 5.26$ N/mm² が得られ，短期許容応力度 $\frac{2}{3} F_c = 16$ N/mm² 以下の値であることから，条件を満たす．

短期許容曲げモーメント　$_jM_a = 194$ kNm > 187 kNm　　ゆえに　OK

（2）コンクリートが先に許容応力度に達すると仮定する場合の検討

【露出柱脚設計例1】と同様の接合詳細を有する柱脚に圧縮軸力 $N = 1\,300$ kN，曲げモーメント $M = 297$ kNm，せん断力 $Q = 99$ kN が作用する場合の中立軸位置の算定および許容応力度の検討例を以下に示す．応力度分布およびひずみ分布は，付図2.2と同様である．

コンクリートに生じる応力度 σ_c が短期許容応力度 $\frac{2}{3} F_c$ のとき，$\sigma_c = 16$ N/mm² である．ヤング係数比15のとき，コンクリートのヤング係数 $E_c = 13\,700$ N/mm² である．コンクリートの降伏ひずみ ε_c は，$\sigma_c = E_c \varepsilon_c$ の関係から，以下となる．

$$\varepsilon_c = \frac{16}{13\,700} = 0.00117$$

ひずみ分布より，曲率 ϕ は以下となる．

$$\phi = \frac{\varepsilon_c}{X_n} = \frac{0.00117}{X_n}$$

ひずみ分布より，アンカーボルトのひずみ ε_s は，以下となる．

$$\varepsilon_s = \phi(d - X_n) = \frac{0.00117}{X_n}(575 - X_n)$$

以上から，アンカーボルトに生じる応力度 σ_s は，以下となる．

$$\sigma_s = E_s \cdot \varepsilon_s = 205\,000 \times \frac{0.00117}{X_n}(575 - X_n) \qquad \text{4)}$$

これより，アンカーボルト群に生じる応力の総和 $T(\text{kN})$ は，$n_t = 3$ 本とすると，以下となる．

$$T = n_t \cdot A_{be} \cdot \sigma_s = 3 \times 561 \times 205\,000 \times \frac{0.00117}{X_n}(575 - X_n) \times 10^{-3} \qquad \text{5)}$$

$$= \frac{404}{X_n}(575 - X_n)$$

また，コンクリートに生じる圧縮応力の総和 $C(\text{kN})$ は，以下となる．

$$C = \frac{1}{2} X_n \cdot \sigma_c \cdot B = \frac{1}{2} X_n \times 16 \times 650 \times 10^{-3} = 5.2\,X_n \qquad \text{6)}$$

ここで，柱軸方向の力の釣合いから，下式となる．

$$C - T - 1\,300 = 0$$

上式に C および T として 5)式および 6)式を代入して，下式が得られる．

$$5.2\,X_n - \frac{404}{X_n}(575 - X_n) - 232\,300 = 0$$

$$5.2\,X_n^2 - 896\,X_n - 347\,000 = 0$$

上式を解いて X_n が得られる．$X_n = 314\,\text{mm}$

X_u を用いて 4)式より，アンカーボルトに生じる応力度 $\sigma_s = 199\,\text{N/mm}^2$ が得られ，短期許容応力度 $235\,\text{N/mm}^2$ 以下の値であることから，条件を満たす．

短期許容曲げモーメント　$_jM_a = 429\,\text{kNm} > 297\,\text{kNm}$　　ゆえに　OK

3. 中立軸位置算定図表

2章に述べられているように，中立軸位置は，図表から求められる．図2.1.11の拡大図を付図2.3として，以下に示す．

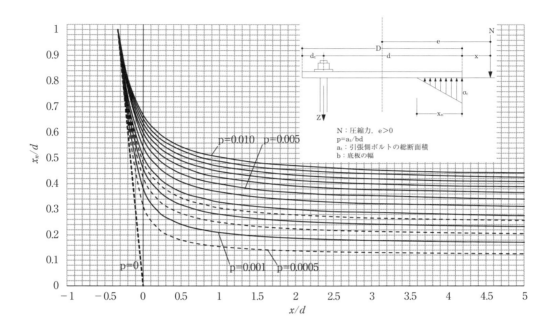

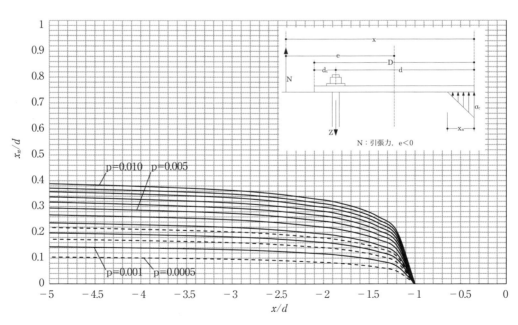

付図2.3　中立軸位置算定図表

鋼構造柱脚設計施工ガイドブック

2017年 2 月25日	第1版第1刷
2020年 1 月20日	第2刷
2022年 5 月25日	第3刷

編　集　　一般社団法人　日本建築学会
著作人
印刷所　　株式会社　東京印刷
発行所　　一般社団法人　日本建築学会
　　　　　108-8414　東京都港区芝5—26—20
　　　　　電　話・(03) 3456—2051
　　　　　FAX・(03) 3456—2058
　　　　　https://www.aij.or.jp/
発売所　　丸善出版株式会社
　　　　　101-0051　東京都千代田区神田神保町2-17
　　　　　　　　　　神田神保町ビル
　　　　　電　話・(03) 3512-3256

Ⓒ 日本建築学会 2017

ISBN978-4-8189-0639-6　C3052